统计学广西一流学科建设项目资助（桂教科研〔2022〕1号）

品牌个性研究

——自我概念一致性对顾客感知价值的影响机理及对策

刘　昀◎著

吉林大学出版社

·长春·

图书在版编目（CIP）数据

品牌个性研究：自我概念一致性对顾客感知价值的
影响机理及对策 / 刘昀著. -- 长春：吉林大学出版社，
2024.3
ISBN 978-7-5768-1903-8

Ⅰ. ①品… Ⅱ. ①刘… Ⅲ. ①品牌—影响—消费者—
研究 Ⅳ. ①F273.2②F036.3

中国国家版本馆CIP数据核字(2023)第137117号

书　　名：品牌个性研究——自我概念一致性对顾客感知价值的影响机理及对策
　　　　　PINPAI GEXING YANJIU——ZIWO GAINIAN YIZHIXING DUI GUKE GANZHI
　　　　　JIAZHI DE YINGXIANG JILI JI DUICE

作　　者：刘　昀
策划编辑：张宏亮
责任编辑：张宏亮
责任校对：魏丹丹
装帧设计：雅硕图文
出版发行：吉林大学出版社
社　　址：长春市人民大街4059号
邮政编码：130021
发行电话：0431-89580028/29/21
网　　址：http://www.jlup.com.cn
电子邮箱：jldxcbs@sina.com
印　　刷：长春市中海彩印厂
开　　本：787mm × 1092mm　　　1/16
印　　张：13.5
字　　数：210千字
版　　次：2024年3月　第1版
印　　次：2024年3月　第1次
书　　号：ISBN 978-7-5768-1903-8
定　　价：68.00元

前　言

　　本研究以中国大学生消费者对品牌手机的消费为例，采用中国的品牌个性维度量表、中国大学生人格量表、阿卡尔"大五"模型和科特勒顾客让渡价值模型以及心理学、统计学相关理论，从品牌个性维度、品牌个性和消费者人格的一致性（简称"自我概念一致性"）分析开始，运用系统建构方法，归纳、分析符合典型消费者特征的品牌个性维度、消费者人格维度和顾客感知价值维度构成因子，尝试构建品牌个性通过与消费者人格的相关因子对顾客感知价值产生影响的假设模型并予以实证，旨在探索品牌个性、自我概念一致性对顾客感知价值产生影响的机理，从而对相关企业进行品牌建设提供相应的理论模型与对策。

　　本研究运用文献分析法、问卷调查法、因子分析法和回归分析法，从资料搜集和实地调查开始，以品牌个性维度构成因子、大学生消费者人格维度构成因子作为自变量，重点研究了该类自变量对因变量——顾客感知价值维度构成因子的影响机理，通过综合分析和评价得出如下结论：

　　（1）品牌个性是在品牌定位的基础上创造出来的人格化、个性化的品牌形象，是品牌建设的核心；

　　（2）品牌个性和消费者人格显著相关。品牌设计可以通过重点培育与消费者人格特征显著相关（一致性）的因子，进一步创建和培育与典型消费者人格特征相符的品牌形象；

　　（3）品牌个性与顾客感知价值显著相关。企业可以进一步建立和完善品牌培育系统，通过培育符合典型消费者人格的具有鲜明个性特征的品牌形象，提高顾客感知价值，进而提升顾客满意度和营销绩效。

目　　录

第一章 研究动机与问题界定

第一节 研究动机与研究目的

一、研究动机

随着经济全球化以及知识经济、网络经济的迅猛发展，我国企业的竞争格局呈现出从国内到国际、从实体到服务、从硬件到软件、从线下到线上纷繁复杂的发展趋势，越来越多的网民和新生代消费者登陆国内大众消费品市场并逐渐成为消费主流，快速变化的市场形势使企业市场营销管理的重心产生了很大的偏移。尤其是新生代消费者已逐渐成为新兴市场消费的主体，他们个性张扬，重视情感的自我表达，追求富于人性化的产品品牌形象，使得产品品牌化、品牌人格化、人格个性化逐渐成为企业抢占市场、参与竞争的重要手段和首选工具。企业竞争的焦点逐渐从产品功能、产品质量等产品属性的竞争转化为品牌形象、品牌个性等品牌属性的竞争，品牌策略已然成为企业实行差异化竞争战略的首要选择。研究者发现，品牌个性除了能够向消费者传达清晰而稳定的产品功能信息、质量信息，减少消费者的信息搜寻成本外，还能表达出清晰且持久的文化信息和情感信息，使消费者产生亲和感和归属感，从而对品牌产品产生偏好，使顾客感知价值和顾客满意度得以提升。

品牌个性（brand personality）是一种品牌产品向外界展示出来的综合特征，它使一个本没有生命的产品或服务人性化，表现着一个品牌产品与其他品牌产品之间的个性差异，是品牌形象的核心所在。品牌个性与消费者人格具有直接的联系，它是在品牌定位（brand positioning）基础上创造出来的人格化或个性化的品牌形象，代表着特定的生活方式、价值观念与消费观念，与典型消费者存在着天然的情感联系。品牌个性与消费者人格在情感上的关联性或一致性又被称作"自我概念一致性"，它是提升顾客感知价值的重要因素，也是品牌建设的核心。

目前，国内外关于品牌个性、消费者人格以及顾客感知价值的研究成果颇丰。其中，对个性和人格的研究在心理学研究领域已经非常广泛和成熟，可以借鉴心理学领域对个性和人格的研究成果，将其应用到消费者心理与行为领域进行交叉研究；对品牌个性的研究大多集中在品牌个性的形成、品牌个性的功能、品牌个性的构成维度、品牌个性的测量等方面，也有少量关于品牌个性对品牌偏好、品牌忠诚、顾客满意、购买行为等影响机理的探讨，尚未发现有品牌个性对顾客感知价值影响机理的研究；对顾客感知价值的研究大多集中在顾客感知价值的内涵、顾客感知价值的结构维度以及顾客感知价值测评模型的构建等方面，对顾客感知价值的驱动因素研究则从各自的研究领域、从不同的角度进行探讨，得出的结论一般都是具有一定程度的相关性，对顾客感知价值驱动因素的结构维度构成尚未取得共识。也很少有人把品牌个性作为顾客感知价值的驱动因素进行深入探讨，通过品牌个性与消费者人格的一致性来研究品牌个性对顾客感知价值的影响机理尚属空白。而在品牌建设过程中首先所要解决的基本问题恰恰就是如何培育品牌个性、建立品牌形象从而提升顾客感知价值的问题。

本研究者一直从事品牌培育和品牌推广工作，经常困扰于品牌个性的培育路径、品牌个性和消费者人格的交互影响、品牌个性与消费者购买行为尤其是与顾客感知价值的关联路径问题，这些问题是在品牌建设过程中必须面对的基本问题。本研究拟以在校大学生对品牌手机的消费行为作为研究对象，从品牌个性和消费者人格一致性的视角，运用中国的品牌个性维度量表、中国大学生人格量表、"大五"人格量表和科特勒顾客让渡价值模型以及相关管理研究理论，采取系统构建方法，推导品牌个性维度和消费者人格维度公共因子以及顾客感知价值维度的构成因子，测量品牌个性、消费者人格的一致性及其对顾客感知价值的影响机理，构建两类变量之间的关联模型，指导企业建立和完善品牌培育系统，通过培育符合典型消费者人格的、具有鲜明个性特征的品牌形象，提高顾客感知价值和顾客满意度，进而提升营销绩效。

二、研究目的

1. 对国内外现有的品牌个性维度及其测量工具、消费者人格维度及其测量工具、顾客感知价值维度及其测量工具以及三者之间的关联研究等资料进行搜集、整理、分析和综合评价，进而提出研究假设。

2. 找出品牌个性维度与消费者人格维度的相关因子，构建关联模型，得出研究结论，进一步验证自我概念一致性理论。

3. 构建品牌个性维度与消费者人格维度相关因子（一致性因子）同顾客感知价值维度相关因子之间的关联模型，并予以实证，得出研究结论，填补自我概念一致性对顾客感知价值影响机理研究的空白，进一步推动学术界对顾客感知价值驱动因素的深入研讨。

4. 为我国品牌建设工作者和相关企业进行品牌培育及制定品牌策略提供更加科学、完善的理论依据和系统模型。

第二节　研究领域及研究范围

一、研究领域之内涵

本研究的主题为品牌个性研究。重点探讨品牌个性的内涵、结构维度、测评模型、品牌个性与消费者人格的一致性（自我概念一致性）、品牌个性通过自我概念一致性对顾客感知价值的影响机理，然后对品牌个性的培育提出相应的对策。研究方向侧重于消费者心理与行为的测量研究，属于市场营销学、心理学与统计学学科交叉领域。

本研究中的"品牌个性"是指某种品牌产品（服务）向外展示出来的独

特的品质，它使一个本没有生命的产品（服务）人性化，是最能够代表该品牌产品（服务）与其他品牌产品（服务）之间差异的一种个性特征。其实质就是在品牌定位的基础上创造出来的拟人化、个性化的品牌形象，代表着一种特定的生活方式、价值观念与消费观念，目的是在该品牌产品（服务）与典型消费者之间建立起一种特殊的情感联系：

本研究中的"消费者"是指典型消费者，即直接消费某个具体品牌产品（服务）的具体消费个体。

本研究中的"人格"又称作个性或性格，是指该具体消费个体在行为上的内部倾向性，表现为该消费个体适应环境时在能力、情绪、需要、动机、兴趣、态度、价值观、气质、性格和体质等方面的整合，是具有动力一致性和连续性的自我展现，是个体在社会化过程中形成的给人以特色的心身组织（黄希庭，2002）；

本研究中的"自我概念一致性"是指品牌个性与消费者个性的一致性，意即消费者通常更喜欢选择产品形象与自我形象相一致的品牌产品；而且消费者也会为具有鲜明个性特征的他人选择符合其个性特征或者更能凸显其个性特征的品牌产品；自我概念一致性对消费者的购买选择会产生正向影响，深刻影响着消费者的购买选择——品牌个性与消费者个性的一致性越高，消费者越偏好选择该类品牌产品（D·艾克，1996）；

"大学生"仅指目前尚在国内高校本科阶段就读的男女学生群体。本研究专门选定在吉林大学珠海学院就读的大二、大三年级学生作为样本进行研究（详见后述）。

本研究中的"顾客感知价值"是指典型消费者对特定品牌产品进行消费体验时的一种感知和主观判断，是顾客在产品消费前对产品内涵的认知（期望值）同产品消费后对实际产品的感知（实际感受值）之间的感受和权衡，是测量顾客满意程度的最直接的量化统计指标。因此，顾客感知价值实际上已经包含了顾客满意的含义。即顾客感知价值越高，则顾客满意度就越高，反之则相反。

二、研究范围的界定

本研究拟以在校大学生对品牌手机产品的消费行为作为研究对象，采用中国的品牌个性维度量表、中国大学生人格量表、"大五"人格量表和科特勒顾客让渡价值模型以及因子分析、层次分析、回归分析等实证方法，分析、评价现有的品牌个性维度和人格维度中的构成因子，找出两个维度构成因子之间的公共因子，再把这些公共因子作为原因变量，探讨与结果变量——顾客感知价值维度结构因子之间的相关性。其中顾客感知价值维度构成因子从科特勒顾客让渡价值模型中按上述方法归纳导出。

本研究仅探讨大学生消费者的个性维度而非其年龄、性别、所学专业、成长环境、经济条件等差异性因素与品牌个性维度以及顾客感知价值维度的交互影响。

第三节　本研究的价值及意义

一、研究的价值

本研究在对现有的品牌个性维度、消费者人格维度和顾客感知价值模型及测评体系进行综合分析、评价的基础上，运用中国的品牌个性维度量表、中国大学生人格量表、"大五"人格量表和科特勒顾客让渡价值模型以及相关管理研究理论，采取系统建构方法，构建了品牌个性维度与消费者人格维度的关联模型、品牌个性与消费者人格的相关因子同顾客感知价值维度构成因子之间的关联模型，弥补了先前研究完全使用国外的品牌个性维度量表、人格量表，只注重单纯研究个别变量维度及其测量评价体系以及三个变量两两之间的相互影响的不足，开辟了以品牌个性作为顾客感知价值驱动因素进行理论研究的新的研究路径；将研究结果运用到管理实践中，可以指导企业建立和完善品牌培育系统，通过培育符合典型消费者人格的具有鲜明特征的品牌个性，提高顾客感知价值和顾客满意度，进而提升营销绩效。

二、研究意义

准确把握品牌个性与消费者人格的一致性因子及其与顾客感知价值交互影响的因子，从而进行正向引导，可以促进典型消费者顾客感知价值的提升。同时，对于顾客感知价值驱动因素可以通过品牌个性和消费者人格一致性的视角分析、整理相关资料，从定性归纳到定量分析，从主观假设到客观计量，研究过程及其结论对于相关从业者进行品牌个性培育尤其是对企业的品牌建设具有重要的理论价值和实践指导意义。

第四节　本章小结

随着新经济时代的到来，品牌建设在企业发展和市场竞争中占有越来越重要的地位。品牌个性是品牌建设的核心，与消费者人格和顾客感知价值具有天然的联系。

本研究的主要目的有四个方面：

一是对国内外现有的品牌个性维度及其测量工具、消费者人格维度及其测量工具、顾客感知价值维度及其测量工具以及三者之间的关联等研究资料进行搜集、整理、分析和综合评价，进而提出研究假设；

二是找出品牌个性维度与消费者人格维度的相关因子，构建关联模型，得出研究结论，进一步验证自我概念一致性理论；

三是构建品牌个性维度与消费者人格维度相关因子（一致性因子）同顾客感知价值维度相关因子之间的关联模型，并予以实证，得出研究结论，填补自我概念一致性对顾客感知价值影响机理研究的空白，进一步推动学界对顾客感知价值驱动因素的深入研讨；

四是为我国品牌建设工作者和相关企业进行品牌培育及制定品牌策略提供更加科学完善的理论依据和系统模型。

本研究主题为"品牌个性对顾客感知价值的影响机理及对策"，研究领域侧重于市场营销学与心理学交叉领域，重点研究品牌个性对顾客感知价值的影响机理。本研究采用中国的品牌个性维度量表、中国大学生人格量表、"大五"人格量表和科特勒顾客让渡价值模型以及因子分析、层次分析、回归分析等实证方法，分析评价现有的品牌个性理论和人格理论，构建两个理论之间的关联，找出公共因子，再把这些公共因子作为原因变量，探讨与结果变量——顾客感知价值驱动要素之间的相关性。

　　本研究价值在于，在对国内外现有的品牌个性维度、消费者人格维度和顾客感知价值模型及其测评体系等文献资料进行全面回顾、分析及综合评价的基础上，运用中国的品牌个性维度量表、中国大学生人格量表、"大五"人格量表和科特勒顾客让渡价值模型以及相关研究理论，采取系统建构方法，构建品牌个性维度与消费者人格维度的关联模型、品牌个性与消费者人格的相关因子同顾客感知价值维度构成因子之间的关联模型，弥补了先前研究完全使用国外的品牌个性维度量表、人格量表，只注重单纯研究个别变量维度及其测量评价体系以及三个变量两两之间的相互影响的不足，开辟了以品牌个性作为顾客感知价值驱动因素进行理论研究的新的研究路径；将研究结果运用到管理实践中，可以指导企业建立和完善品牌培育系统，通过培育符合典型消费者人格的具有鲜明特征的品牌个性，提高顾客感知价值和顾客满意度，进而提高营销绩效。

　　本研究的意义在于，准确把握品牌个性与消费者人格的一致性因子，深入探究自我概念一致性对顾客感知价值的影响机理，积极进行正向引导，可以促进典型消费者顾客感知价值的提升。同时，对于顾客感知价值驱动因素的研究可以通过品牌个性和消费者人格一致性的视角去搜集、整理相关资料，从主观归纳到客观计量，从定量分析到定性总结，研究过程及其结论对于相关从业者进行品牌个性培育尤其是对企业的品牌建设具有重要的理论价值和实践指导意义。

第二章　文献述评

第一节　品牌个性理论及其结构维度研究

自20世纪60年代"品牌个性"理论提出以来，对品牌个性的研究与应用无论在理论上还是在实践上都取得了实质性的进展。尤其是2000年以后，随着经济全球化趋势以及市场竞争日益加剧，品牌形象已经成为企业参与市场竞争、实行差异化经营战略的首选工具和营销利器。产品品牌形象的人格化、个性化为典型消费者提供了无可替代的情感沟通渠道，成为企业建立品牌产品（或服务）与消费者的有机联系、形成市场区隔的重要手段。

一、品牌个性的内涵及价值

"品牌"概念提出以来，众多专家学者都从不同的角度对其内涵进行了定义和概括。

Park、Jaworski和MacInnis（1986）将品牌定义为企业在进入市场之前基于消费者的需求所选择的能代表该企业及其产品形象的某种概念或者意义；品牌概念可以理解为一个品牌所展现出来的形象、定位以及所提供给消费者的信息形态。Farquhar（1990）则认为品牌是一个能使产品超过其功能而增加产品价值的名称、符号、设计或标记。Kotler（1991）引用美国营销协会的定义，指出：品牌可以定义为一个名字、术语、符号、标记、设计或这些的组合，用来指认卖方的产品或服务，而有别于其他的竞争者。

Kotler（1963）认为品牌在作用和具体内涵上可以传送六层意义给购买者，分别是属性、利益、价值、文化、个性和使用者，其中最历久弥新的意义是品牌的价值、文化和个性。Geoffrey（1993）指出品牌的要素包括功能、个性、文化、关系、反应以及自我形象六个部分。其中，"功能"是指品牌的核心目的；"个性"是指消费者能描述出的品牌的特征；品牌本身就是公司或产品"文化"的象征；而人们对某种品牌的产品一再反复地购买，逐渐与品牌间形成一种"关系"；"反应"是品牌刺激引发消费者渴望的表现形式；"自我形象"则反映消费者希望通过品牌的使用使自己进入希望群体或想使自己成为什么样的人。

品牌个性理论是基于美国格瑞（Grey）广告公司"品牌性格哲学"和日本小林太三郎"企业性格论"的启示，在对品牌形象进一步挖掘的基础上形成的。

小林太三郎认为塑造品牌个性是完成品牌传播的核心要求。企业所赋予品牌的个性造就了品牌本身的特质，进而彰显品牌特性。每个品牌都有个性的呈现，从品牌的理念、品牌的形象、品牌宗旨等方方面面表现出来。塑造品牌个性、赋予品牌独特的性格特点是企业营销推广过程中的关键点，它展现了品牌的基调，决定了品牌推介活动能否得以顺利进行。

许多专家学者对品牌个性的来源也进行了深入的探讨。

Allport（1936）认为成功的品牌大多来源于鲜明的个性塑造，而品牌的个性塑造通常可用电影明星、运动偶像、虚构人物或动物来诠释内涵。Epstein和Seymour（1977）认为品牌个性与人的个性的主要差异在于两者的来源不同：品牌个性是后天人为设计赋予的，而人的个性是遗传和环境使然。Asker（1993）指出透过对品牌的个性设计可把产品或服务变得富有人性。富有个性的品牌不但能和典型消费者建立情感上的联结，也能强化典型消费者的购买意愿，其效果甚至可以绵延到未来很长一段时间。Aaker（1997）认为，品牌个性是"与品牌有关的人格特质"，品牌拥有的性格特征与消费者人格之间有着天然的联系。 Schiffman（2000）则认为人的个性主要是由一个人的行为、外貌、态度、信念以及人口统计变量等表现出来的内在特质，而品牌个性却是消费者接收到的某品牌透露出来的包括经验、口碑、广告、包装、服务等全部信息的总和。

关于品牌个性的意义和价值，品牌专家Rook（1985）认为消费者通过品牌的象征意义给自己塑造出出类拔萃的形象。McCrae（1986）认为，对消费者而言，品牌个性不但具有象征性意义，更具有表达自我的功能。若能充分地了解品牌个性的构成要素，将有助于企业在品牌个性设计上进行实际操作，以影响消费者的购买行为。Levy、Sidney J（1989）认为品牌个性包括其主要消费者的人口统计特征，如性别、年龄及社会阶层，这些人口统计特征可以直接从品牌使用者形象、企业员工或间接从其他品牌联想推断而来。Keller（1993）认为品牌如同人一样，通过一定的塑造也能具有像人一样的个性。当然，其个性是生产者和消费者在相互的交流中共同赋予的，并不是产品本身自己带来的。Aaker（1997）则认为品牌个性是"有关品牌的人格特质的组合"，与产品特性相比较，它提供了象征性意义及自我表达的功能。Fournier（1998）认为消费者通过品牌个性表现自己的个性。Gilmore、George W.（1999）则从品牌个性价值角度，指出品牌个性为消费者提供了象征性意义及自我表达的功能，这种象征性价值可能主要源于消费者会把品牌的个性看作是符合自己个性的特质。何佳讯、丛俊滋（2008）认为"品牌个性是品牌形象中最能体现差异、最活跃激进的部分。"

总的来看，品牌个性的内涵可以概括为：

（1）品牌本身是一个没有生命的客体，品牌个性是某一品牌所有者在与消费者直接或间接接触的基础上，对该品牌特定用户的人格特性进行了集合与提炼，然后人为赋予在该品牌上的；

（2）品牌个性是某一品牌向外展示其独特品质的信号，它会使一个本没有生命的产品或服务个性化，目的是在某一品牌与其他品牌之间建立差异；

（3）品牌个性是在品牌定位的基础上创造出来的人格化、个性化的品牌形象，代表特定的生活方式、价值观念与消费观念，目的是与典型消费者建立有效的情感连结；

（4）品牌个性在品牌管理理论体系中居于最高的层次，它可以通过人、物、图、景或角色承载，使消费者产生许多联想，将品牌产品视为带有某些人格特征的"朋友"。

在消费者购买决策过程中,有两类不同的需要对消费者的购买行为产生影响:一类是消费者能够感受到的自身的机体缺失状态(生理需要);另一类是确实存在而又无法被消费者自身所意识到的感受或冲动(心理需求)。人类个体进行活动的驱动力大多是无意识的,消费者在很多情况下并不了解自己产生购买行为的真正原因。消费者购买的产品或者服务在一定程度上体现了消费者的价值观、人生目标、生活方式、社会地位等,购买行为被视为消费者本人人格的反映及延伸。随着消费者自我概念与品牌个性的一致性程度趋同,消费者对该品牌产品的购买意愿也会随之增强。

基于消费者对品牌个性的感知,品牌个性价值可以细分为以下三类价值:

人性化价值。品牌个性的核心特征就是品牌的人格化。品牌在创建活动中所展示出来的个性深深地吸引着消费者,他们购买产品(服务)不仅仅是产品(服务)本身,还是认可、接受产品(服务)附带的品牌个性,从而把产品(服务)看作自己的朋友、自己的精神寄托甚至就是他们自己的化身。所以很多产品(服务)往往用拟人化的标识来烘托品牌的个性。

差异化价值。品牌个性最能代表一个品牌与其他品牌的差异(Plummer,1985)。基于产品技术上的差异性容易仿效,由品牌个性建立起来的差异则会深入消费者的意识深处,从而建立起最重要、最牢固的差异化优势。品牌个性会带着品牌产品脱颖而出,在消费者记忆中烙下深深的印迹。

情感性价值。情感性价值是与消费者建立关系的基础(Poumier,1998)。品牌个性是影响顾客满意和顾客忠诚的一个主要要素(Stephanie Maginetsl,2003)。品牌个性反映顾客对品牌的感觉或品牌带给顾客的感觉,品牌个性大部分来自情感,少部分来自逻辑思维。品牌个性能够深深感染消费者,这种感染力随着时间的推移会形成强大的品牌感召力,使消费者成为该品牌的忠实顾客(余可发,2007)。

二、品牌个性维度及其测量

前人对品牌个性维度的研究,主要是基于心理学和文化学而进行的,心理学中的人格个性理论为品牌个性理论的研究奠定了基础。

品牌个性维度的研究主要包括。

1. 早期品牌个性维度模型

19世纪中后期，Heylen将弗洛伊德个性理论和阿德勒个性理论合并起来，形成了品牌个性二维图（如图2-1所示）。Heylen认为，任何品牌在品牌个性上都可能位于该二维图中的某个位置。

Heylen模型是目前在国际上非常流行的品牌个性"阴阳二重性"理论的雏形。这一模型是对人的个性、品牌个性维度以及品牌个性与消费者需求关系理解的突破。

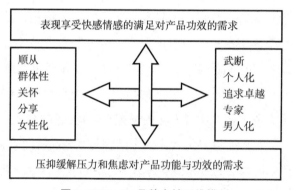

图2-1　Heylen品牌个性二维模型

资料来源：黄胜兵，卢泰宏. 品牌个性维度的本土化研究. 南开管理评论，2003.

2. 品牌个性的"新大五模型"

最早用归纳法研究品牌个性维度的是美国著名学者珍妮弗·阿卡尔（Jennifer Aaker）。1997年，珍妮弗·阿卡尔根据西方人格理论的"大五"模型（big five model，详见本章第二节），以个性心理学维度的研究方法为基础，以西方著名品牌为研究对象，发展了一个系统的品牌个性维度量表（brand dimensions scales，BDS）。在这套量表中，品牌个性被细分为五个维度15个层面，分别表现出了不同的个性特征。见表2-1。

表2-1 阿卡尔品牌个性维度量表

维度	层面	特征
纯真（sincerity）	实际	实际、家庭导向、偏向小城镇的
	诚实	诚实、诚恳、真实
	健康	健康、原生态
	快乐	快乐、感性、友好
刺激（excitement）	大胆	大胆、新潮、兴奋
	英勇	英勇、酷的、年轻
	想象丰富	想象丰富、与众不同
	时尚	时尚、独立、当代
能力（competence）	可靠	可靠、刻苦、安全
	智慧	智慧、技术、团体
	成功	成功、领导、自信
教养（sophistication）	高贵	高贵、魅力、美丽
	迷人	迷人、女性、柔滑
强壮（ruggedness）	户外	户外、男性、西部
	粗野	强壮、粗糙

资料来源：本研究整理

这套量表是迄今为止对品牌个性所做的最系统也是最有影响的测量量表，据说可以解释西方93%的品牌个性的差异（David Aaker，1996），在西方营销理论研究和实践中得到了广泛运用，因此被称为"新大五模型"（new big five model）。

为了探索品牌个性维度的文化差异性，2001年，珍妮弗·阿卡尔与当地学者合作，继续沿用1997年美国品牌个性维度开发过程中使用的方法，对日本、西班牙这两个分别来自东方文化区和拉丁文化区的代表国家的品牌个性维度和结构进行了探索和检验，并结合珍妮弗·阿卡尔1997年美国品牌个性的研究结果，对三个国家的品牌个性维度变化及其原因进行了对比分析。结果发现：美国品牌个性维度的独特性维度在于"强壮的"（ruggedness），如图2-2所示；而日本独特性维度则是"平和的"（peacefulness），如图2-3所示。

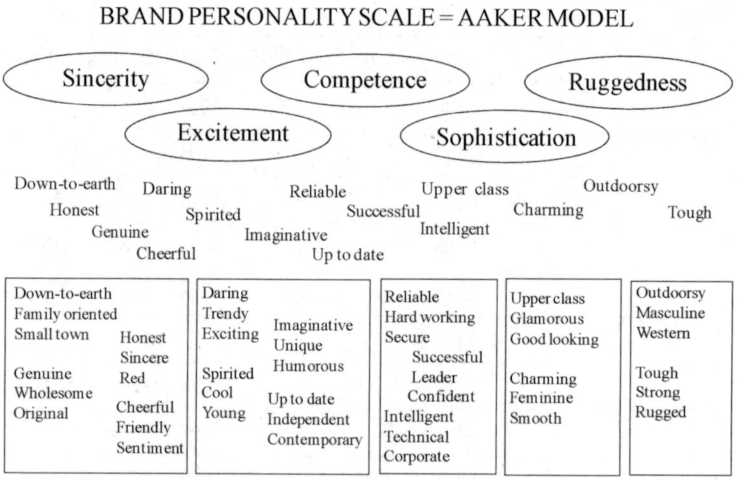

BRAND PERSONALITY SCALE = AAKER MODEL

图2-2 阿卡尔美国品牌个性维度量表

资料来源：JST-CN.COM，2007，中国不动产投资管理网

图2-3 阿卡尔日本品牌个性维度量表

资料来源：JST-CN.COM，2007，中国不动产投资管理网

而西班牙独特性维度却是"热情/激情的"（passion），如图2-4所示。

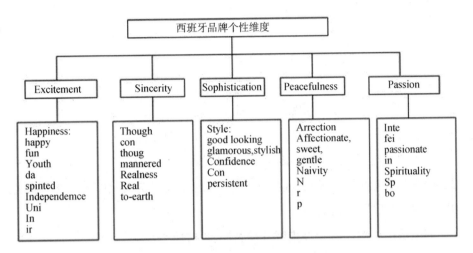

图2-4 阿卡尔西班牙品牌个性维度量表

资料来源: JST-CN.COM, 2007, 中国不动产投资管理网.

由此可见, 品牌个性受文化价值观影响较大, 具有明显的文化差异性。

3. 中国品牌个性维度及量表

黄胜兵、卢泰宏 (2003) 运用西方的词汇法、因子分析和特质论等研究方法, 以中文和中国品牌为对象, 推导出66个具有较高建构效度的品牌个性词汇, 并以中国消费者为对象进行了实证研究, 发展出一个具有中国文化特征的品牌个性维度及量表, 最后以中国传统文化语言阐释了该量表的五个品牌个性维度。

第一维度主要包括平和的、环保的、和谐的、仁慈的、家庭的、温馨的、经济的、正直的、有义气的、忠诚的、务实的、勤奋的等28个词汇, 这些词汇一般都是用来形容人们所具有的优良品行和高洁品质, 表示的是"爱人"及"爱物"之意, 都可归结为古汉语中"仁"的范畴。因此, 研究者把第一个中国品牌个性维度命名为"仁"。

第二维度主要包括专业的、权威的、可信赖的、专家的、领导的、沉稳的、成熟的、负责任的、严谨的、创新的、有文化的等14个个性词汇, 这些词汇都可归结为古汉语中"才"和"术"的范畴, 为更具有中国传统文化色彩, 研究者把第二个中国品牌个性维度命名为"智"。

第三维度包括勇敢的、威严的、果断的、动感的、奔放的、强壮的、新颖的、粗犷的等8个个性词汇，这些词汇都具有"不惧""不怕"的个性特征，故把第三个中国品牌个性维度命名为"勇"。

第四维度包括欢乐的、吉祥的、乐观的、自信的、积极的、酷的、时尚的等8个个性词汇，这一维度的词汇都是用来形容高兴、乐观、自信、时尚的外在形象特征，因此，研究者将这一品牌个性维度命名为"乐"。

第五维度包括高雅的、浪漫的、有品位的、体面的、气派的、有魅力的、美丽的等8个个性词汇，这些词汇大都与中国传统文化中的"雅"寓意相近，故以"雅"来命名。

归纳后的中国品牌个性维度及量表如表2-2所示。

表2-2　中国的品牌个性维度及量表

维度	特征
"仁"	平和的、环保的、和谐的、仁慈的、家庭的、温馨的、经济的、正直的、有义气的、忠诚的、务实的、勤奋的……
"智"	专业的、权威的、可信赖的、专家的、领导的、沉稳的、成熟的、负责任的、严谨的、创新的、有文化的……
"勇"	勇敢的、威严的、果断的、动感的、奔放的、强壮的、新颖的、粗犷的
"乐"	欢乐的、吉祥的、乐观的、自信的、积极的、酷的、时尚的……
"雅"	高雅的、浪漫的、有品位的、体面的、气派的、有魅力的、美丽的……

资料来源：本研究整理

余可发（2007）将中国的品牌个性维度与美国、日本两个国家的品牌个性维度进行了跨文化比较，研究表明："仁"（sincerity）、"智"（competence）、"雅"（sophistication）这三个维度具有较强的跨文化一致性，即共性；"仁"是中国品牌个性中最具有文化特色的一个维度，其次是"乐"。中国与美国品牌个性的差异性主要表现在中国更加强调群体性利益，而美国更加注重个人利益，强调个性的表现，这是两种不同文化价值观在品牌个性中的体现；中国与日本品牌个性的差异性主要表现在中国品牌个性中存在着"勇"，日本则不存在这样一个单独维度。而"勇"与美国的

"ruggedness（强壮的）"具有相关性。美、日、中品牌个性维度的比较详见表2-3。

表2-3 美、日、中品牌个性维度之比较

国家	品牌个性维度/特征
美国	纯真sincerity / （纯朴的、诚实的、有益的、愉悦的）
	刺激excitement / （大胆的、有朝气的、富于想象力的、新颖的）
	称职competence / （可信赖的、聪明的、成功的）
	教养sophistication / （上层阶级的、迷人的）
	强壮ruggedness / （户外的、坚韧的）
日本	纯真sincerity / （温暖）
	刺激excitement / （健谈、自由、快乐、精力）
	称职competence / （责任、决心、耐心）
	教养sophistication / （高贵、风格）
	平和peacefullness / （温和、天真）
中国	仁（纯真、平和）（诚、家、和、仁义、朴、俭）
	乐（刺激）（群乐、独乐）
	智（称职）（稳、谨、专业、创新）
	雅（教养）（现代之雅、传统之雅）
	勇（强壮）（勇德、勇行）

资料来源：余可发. 品牌个性及其结构维度理论研究[J]. 上海市经济管理干部学院学报 2007（1）: 2-5。

中国的品牌个性维度及量表在中国的出现及其研究过程表明，中国品牌个性测量方法的建立在很大程度上受到了西方品牌个性理论、文化和研究方法的影响，所以很多学者对使用Aaker品牌个性"大五模型"对中国品牌个性进行研究的通用性和适用性提出了质疑，强调必须加强中国品牌个性维度的基础性研究，尤其是研究方法的改进，彻底改变中国品牌个性理论研究落后于西方的局面。

　　黄胜兵、卢泰宏（2003）开发的中国品牌个性维度及其量表第一次提出了一个可供中国市场研究领域普遍使用的品牌个性维度理论，是名副其实的"品牌个性维度的本土化研究"。其66个特征标定词汇运用西方的词汇法、因子分析和特质论等研究方法，以中文和中国品牌为对象推导出来，适用于中国品牌个性研究则具有较高的构建信度和效度，但以5个古代汉语文字（传统文化语言——原文）来标示品牌个性维度，虽然突出了中国本土化特征，但缺少现代研究气息，给人以牵强之感，且很多古代汉语文字的词义发展到今天已经失去或改变了原来的含义，有的处于逐渐演变过程之中，单从字义上理解有过于抽象或容易误读之嫌。

　　继黄胜兵、卢泰宏开发中国本土化的品牌个性量表之后，国内学者纷纷应用Aaker的品牌个性量表进行品牌个性研究。张俊妮等（2005）以大学生为样本，应用Aaker品牌个性量表，对品牌A、品牌B和品牌C等手机的品牌个性与典型消费者个性的相关性进行了研究，发现这些手机品牌的典型消费者个性与品牌个性之间存在一定程度的相关关系。金立印（2006）以黄胜兵与卢泰宏"中国本土化品牌个性量表"为基础，提出了一个品牌资产驱动模型，将消费者的品牌认同感（brandself-identification）当成品牌个性影响品牌忠诚的中间媒介变量，通过实证分析，发现品牌个性五个维度中的"仁""智""勇"对消费者的个体品牌认同感和社会品牌认同感均具有显著影响效应，而"乐""雅"虽对个体品牌认同感具有显著影响效应，但其对社会品牌认同感的效应在统计上并不显著。研究还发现，个体品牌认同和社会品牌认同对态度和行为忠诚都具有明显的影响效应。蒋青云等（2006）研究了与品牌个性相关的认知性变量和情感性变量对品牌态度的影响，提出了一个基于消费者认知的品牌态度形成机制的概念模型，同时还以Aaker的品牌个性量表为基础开发了一种新的方法来测量品牌个性的独特性和认同度。以上研究都直接或间接以Aaker的品牌个性量表为基础，大都没有检验该品牌个性量表的有效性和适用性。由于Aaker的品牌个性量表本身存在着一些局限，加之东西方文化背景和价值观存在差异，直接应用Aaker品牌个性量表对中国消费者进行测量，其科学性、准确性至今仍存在着很大的争议。

从20世纪60年代初提出品牌个性概念至今，学者们在这个领域开展了大量研究，取得了丰硕成果。上述研究成果主要集中于对品牌个性的定义、内涵及其结构维度的分析，而对于影响品牌个性构成的因素、品牌个性与消费者个性之间的相关性以及品牌个性对顾客感知价值影响机理的研究却明显不足。而这恰是当前进行品牌建设所最为关注、迫切需要解决的基本问题，也是本研究选题的出发点。

第二节　人格理论及其测评模型研究

一、人格的涵义

人格，又称个性、性格，源于拉丁语persona，原指古罗马时代舞台演出时为标明角色典型心理特征和身份所戴的面具。心理学研究沿用其含义，把一个人在人生舞台上所表现出来的种种行为及心理活动都认定为是内在人格的表现，使人格成为人与人之间相互区别的独特的心理特性。

人格是一个多侧面、多层次、复杂的统一体，是心理学中的概念，研究者众多，关于人格的定义多达50多种（G.Allport，1937）。

人格定义的不同，反映了心理学家们对人格研究的侧重点和所采用的研究方法各不相同。

行为主义代表人物华生（J.Waston，1924）认为人格是个体所有活动的总和，是个体各种习惯系统的最终产物；特质论心理学家奥尔波特（Allport，1937）认为人格是个体内在的、心理物理系统中的动力组织，它决定一个人对环境的独特的适应方法。

还有一些心理学家在定义人格时，要么强调表面的、可观察的、客观的表现，要么侧重于内在的、主观的、本质的特征，这种只强调人格形成中某一方面因素的定义方法带来了很多问题：如果界定人格时强调外部的行为，虽然比较客观，但是结果就是元素主义和还原主义的表现，因为这些定义把人格还原为刺激—反应模式，甚至是肌肉的收缩和腺体的分泌状况；而强调内部的本质特征，结果又会导致定义的主观性。

相对来说，心理学家瓦任（H.C. Warren）的人格定义将主观与客观相结合，为大多数人所接受。瓦任（1934）认为，人格就是一个个体区别于其他个体的所有认知、情感、意向和身体特征等方面的整合体。

对于这种定义，艾森克（Eysenck，1947）非常赞同，他自己在定义人格时，也采用这种整合的方法，主张内外结合。艾森克认为，人格是一个人实际的或潜在的行为模式的总和，由遗传和环境两个方面共同决定，人格是通过意动因素（性格）、认知因素（智力〕、体格因素（体质）和情感因素（气质）这四个主要因素之间的相互作用形成和发展的。其中性格侧重于行为的力量、坚持性、准备性、快速性等方面，而不是行为的正确或错误、好与坏的方面；智力是一种先天的心理能力，是稳定持久的认知行为系统；体格是指稳定持久的身体外貌和神经、内分泌腺等先天系统；气质则是指个体稳定持久的情感和行为系统，包括对引起情绪刺激的易感性、习惯力量和反应速度，占优势的情绪特性，以及情绪的波动和强度特性等（Eysenck，1970）。

尽管心理学家们从不同角度对人格进行了定义，但大致可以归纳为以下五个方面：

一是区别性定义，强调人与人之间的区别，即独特性；

二是罗列式定义，认为人格是个人所有属性的组合，大多是罗列出一些属于人格的个性特征；

三是层次型定义，认为人格不仅是有组织的，而且这种组织是有层次的；

四是整合式定义，强调人格的组织性和整合性；

五是适应性定义，强调个体对环境的适应，认为人格是个体在社会生活中形成的独特的适应方式。

黄希庭（2002）综合各家定义，将人格定义为人格是个体在行为上的内部倾向，它表现为个体适应环境时在能力、情绪、需要、动机、兴趣、态度、价值观、气质、性格和体质等方面的整合，是具有动力一致性和连续性的自我，是个体在社会化过程中形成的给人以特色的身心组织。

二、人格的主要理论

1. 弗洛伊德的人格理论

弗洛伊德（Sigmund Freud）的人格理论认为，人格是由本我、自我、超我三个部分组成的结构。

本我是人格结构的基础，包括许多原始的、与生俱来的本能或欲望（如饥、渴、性等），其中以性和攻击冲动为主，受"享乐原则"的支配。本我是所有心理能量的源泉，一切以寻求原始动机的满足为原则，它追求最大程度的快乐和欲望的满足，而不管其欲望在现实中有无实现的可能，也不受社会道德规范的约束。刚出生的婴儿即处在本我状态，随着成长，本我开始逐渐隐入潜意识状态下，人们较难察觉。本我的作用在于寻求兴奋、紧张与能量的释放，追求快乐，逃避痛苦，它具有冲动性、盲目性和非理性的特点。

自我是个体在成长过程中从本我中分化出来的人格部分，受"现实原则"支配。一方面它要满足本我的原始冲动，追求快乐；另一方面它还要符合较高层面的良心、道德等超我规则的评价，以社会能够接受的方式满足个体需要。自我的基本任务是协调本我的非理性需要与现实之间的关系。为了使本我的需要在以后适当的时候得到更大的满足，它往往推迟满足某些需要，表现为对本我需要的控制和压抑，具有现实性、目的性和相对稳定性的特点。

超我是个体在一定的社会文化背景下获得的知识、经验和行为规范内化后形成的人格部分，是后天社会教化的结果。超我代表了人格结构中的良知和理性，是个体经过社会化以后将道德伦理、社会规范及价值标准等内化后形成，受"完美原则"的支配，代表道德、良心和理性，抑制不容于社会的原始冲动，让个体会因错误的本我冲动而产生自卑感和罪恶感，具有克制性、规范性和理性的特点。

自我和超我是由本我逐渐分化而来的。自我是本我、超我、现实世界三者的"仆人"，经常处于后三者的包围之中，并极力协调好后三者的关系。当三者相互矛盾时，就会产生焦虑感。本我、自我和超我交互作用，保持个体人格处于平衡、和谐的状态。本我的冲动必须有机会在符合现实而无害于社会规范的条件下获得适当的满足，否则个体就会产生不良的自适应行为。

　　弗洛伊德的精神分析理论重视人格的发展，强调婴儿和儿童早期的生活经验对人格发展的重要意义，认为它是构成个体人格的主要因素。该理论认为，人格发展一般经过五个阶段：

　　第一，口唇期（0岁～1岁）。婴儿从吮吸等口唇刺激获得满足和快乐。当父母训练婴儿学习自己扶奶瓶吸奶、用杯子喝东西时，个体开始体验本我的期望与现实要求间的冲突，导致婴儿自我的发展。若此时婴儿口唇活动无法获得满足，则可能会形成将来的"口唇性格"：自恋、被动、依赖、退缩、悲观、猜忌，表现出咬指甲、吃手指、抽烟、酗酒、贪吃等行为问题。

　　第二，肛门期（1岁～2岁）。幼儿通过大小便排泄获得满足，得到快感。当父母开始对幼儿进行如厕训练的时候，幼儿个体本能欲望开始被规定在何时何处才能获得满足，幼儿自我进一步发展。若此时父母训练如厕过分严格，则可能导致将来的"肛门性格"：冷酷无情、顽固、刚愎、吝啬、暴躁、生活秩序杂乱等。

　　第三，性器期（3岁～5岁）。儿童以抚弄自己的性器官而获得快乐和满足，爱恋作为异性的父亲或母亲，体验"恋父情结"或"恋母情结"，同时对作为同性的父亲或母亲产生敌对和嫉妒。但儿童会逐渐压抑这种动机而认同和模仿同性别父母的人格，开始其超我的发展。这一时期的发展若无法顺利完成，可能会因与父母竞争而产生罪恶感，或导致将来性生活失败等不良适应行为。

　　第四，潜伏期（5岁～11岁）。儿童时期的性与攻击冲动开始进入潜伏期，转而开始注意学校的活动、爱好、运动及同性伙伴的友谊，价值观的逐步习得使超我获得进一步发展。

　　第五，生殖期（12岁～18岁）。由于性器官的成熟，个体由孩童进入青春期，开始对异性产生兴趣，在心理上逐渐有了与性别相关联的职业计划、婚姻理想等，并从自我中心阶段转入利他阶段。至此，个体性心理的发展即告成熟。

弗洛伊德的人格理论过分强调了个体本能的作用，更多地体现出一种生物决定论的观点，显然不够客观。但该理论对人格结构的层次划分以及深层次的研究，尤其是强调本我、自我、超我三个层次保持相对平衡的观点，则具有很高的科学价值。

2. 卡特尔的人格特质理论

雷蒙德·卡特尔（Raymond Bernard Cattell）在奥尔波特人格理论基础上开始进行人格特质实证研究。卡特尔（1947）认为人格的基本结构元素是特质。特质是从行为推论出来的人格结构成分，它表现出特征化的或相当一致的行为属性。也就是说，人格特质是在不同情境中所表现出来的稳定而一致的行为倾向。

卡特尔（1947）认为，人格特质是人格结构的基本单元，通过分析人格特质可揭示个体的人格结构。特质的种类很多，有人类共同的特质，有各人所独有的特质；有的特质决定于身体结构（遗传），有的决定于环境；有的与动机有关，有的则与能力和气质有关。如图2-5所示。

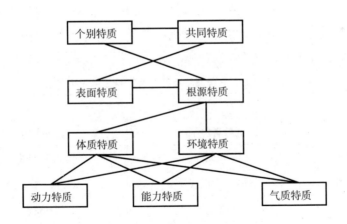

图2-5　卡特尔的特质结构网络

资料来源：黄希庭，人格心理学，浙江教育出版社，2002.

根据人格特质的独特性，卡特尔将人格特质区分为个别特质和共同特质。前者是个体所特有的人格特质，后者是许多人（同一群体或阶层的人）所共有的人格特质。虽有共同特质，但共同特质在各个成员身上的强度却各不相同，在不同时间在一个人身上也会发生变化。共同特质中基本的根源特质比较稳定，而与态度或兴趣有关的特质则不那么稳定。这就为人格的差异和变化提供了解释依据。

　　根据人格特质的层次性，卡特尔将人格特质区分为表面特质和根源特质。表面特质是指一组看起来似乎聚在一起的特征或行为，即可以观察到的各种行为表现，是能够从个体外部行为中直接观察到的特质，这些特质之间具有相关性；根源特质是行为的最终根源和原因，虽不能直接被观察到，但对个体的行为起着制约作用。表面特质与根源特质的关系是，表面特质是根源特质的表现形式，但每一个根源特质控制着一簇表面特质。根源特质可以看成是人格的元素，它影响着人类的行为。卡特尔推断所有的个体都具有相同的根源特质，但每个人的程度不同。例如，聪慧性是一种根源特质，它不能直接被观察到，但我们可以从人们解决问题的正确性和速度等方面间接地推测出来。在这里，解决问题的正确性和速度就是表面特质。

　　卡特尔就是通过对实证材料表面特质的因素分析找到它们所属的根源特质的。卡特尔认为，每个人都具有16种根源特质，其所控制的表面特质又存在着一定的量的差异。正是由于这种量的差异，才使个体之间表现出人格结构上的差异，如表2-4所示。

表2-4　16种人格根源特质及其表面特质的不同特征

人格根源特质	人格表面特质	
	低分者特征	高分者特征
A乐群性	缄默孤独	乐群外向
B聪慧性	迟钝、学识浅薄	聪慧、富有才识
C稳定性	情绪激动	情绪稳定
E恃强性	谦逊顺从	好强固执
F兴奋性	严肃审慎	轻松兴奋
G有恒性	权益敷衍	有恒负责
H敢为性	畏怯退缩	冒险敢为

续表

人格根源特质	人格表面特质	
	低分者特征	高分者特征
I敏感性	理智、着重实际	敏感、感情用事
L怀疑性	信赖随和	怀疑、刚愎
M幻想性	现实、合乎成规	幻想、狂放不羁
N世故性	坦白直率、天真	精明能干、世故
O忧虑性	安详沉着、有自信心	忧虑抑郁、烦恼多端
Q_1激进性	保守、服从传统	自由、批评激进
Q_2独立性	依赖、随群附众	自立、当机立断
Q_3自律性	矛盾冲突、不明大体	知己知彼、自律谨严
Q_4紧张性	心平气和	紧张困扰

资料来源：黄希庭，人格心理学，浙江教育出版社，2002.

卡特尔认为，16种根源特质中有些特质是由遗传决定的，因此称其为体质根源特质，而有些特质来源于经验，因此称其为环境塑造特质。他认为在人格的成长和发展中遗传与环境都有影响。卡特尔经过一系列的研究发现，遗传与环境对特质发展的影响程度是因特质的不同而异的，例如智力特质受遗传影响约占80%~90%，整个人格结构中大约有2/3决定于环境，1/3决定于遗传，等等。

3. 马斯洛的"需要层次理论"

亚伯拉罕·马斯洛（Abraham H. Maslow）在1943年提出了"需要层次理论"。该理论认为，人的需要按着从低往高的顺序可以归纳为五大层次，即生理需要、安全需要、社交需要、尊重需要和自我实现需要。

生理需要是人类个体生存的最基本、最原始的本能需要，包括摄食、喝水、睡眠、求偶等需要。

安全需要是生理需要的延伸。人在生理需要获得适当满足之后，就会产生安全的需要，包括生命和财产的安全不受侵害、身体健康有保障、生活条件安全稳定等方面的需要。

社交需要是指感情与归属上的需要，包括人际交往、友谊、为群体和社会所接受和承认等，此种需要体现了人有明确的社会需要和人际关系需要。

尊重需要包括自我尊重和受人尊重两种需要。前者包括自尊、自信、自豪等心理上的满足感，后者包括名誉、地位、不受歧视等满足感。

自我实现需要是最高层次的需要。指人有发挥自己能力与实现自身理想和价值的需要。

马斯洛认为，上述五种需要以层次形式依次从低级到高级排列，表现为金字塔形（见图2-6）。一般来说，只有当某低层次的需要相对满足之后，其上一层需要才能转化为强势需要，后人发展了马斯洛需要层次理论，指出当低层次需要转化为高层次需要后，依然会对所有低层次的需要保持需求。

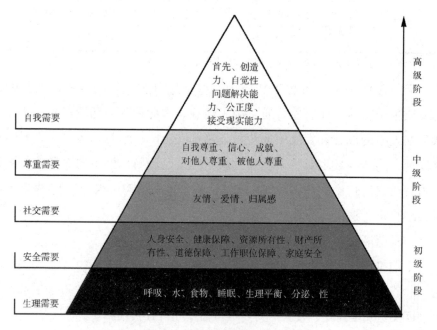

图2-6　马斯洛需要层次理论

资料来源：黄希庭，人格心理学，浙江教育出版社，2002.

马斯洛的需要层次理论对于揭示人类需要的普遍规律作出了贡献，具有直观、易于理解、相对合理等特点，成为国内外许多管理理论的研究基础。但是，也应该看到，人的需要往往是复杂的，不可能机械地、绝对地按着层级进行分布，也不一定严格地按着固定层次逐级去满足。比如，有的人在其温饱尚未解决的情况下，却一味地追求个人价值的实现，对于这种特别情况，就要具体问题具体分析，而不能盲目地适用该理论。

4. 艾森克的人格理论

汉斯·艾森克（Hans Eysenck）主要从事人格、智力、行为遗传学和行为理论等方面的研究。他主张从自然科学的角度看待心理学，把人看作一个生物性和社会性的有机体。在人格问题研究中，艾森克运用因素分析法提出了神经质、内倾性-外倾性以及精神质三维特征理论。

艾森克致力于人格理论研究方法的综合运用，他把因素分析法与实验法结合起来研究人格，经过长期的研究和观察，他提出了自己的人格维度理论。艾森克（1947）认为，只研究人格特质有时可能会产生个体差异的含混，只有研究人格维度才能弄清个体人格间的差异性。他指出，维度代表着一个连续的尺度。每一个个体都可以被测定在这个连续的尺度上所占有的特定的位置，即测定每一个人具有该维度所代表的某一特质的多少。他认为，虽然人格在行为上的表现形式是多样的，但真正支配人类行为的人格结构却是由少数几个人格维度构成的。其中精神质、内外倾性和神经质（情绪稳定性）是人格的三个基本维度，每一人格维度代表着一个连续体，三个维度就有着三个彼此独立的连续体。每个个体或多或少地具有这三个维度上的特征，但不同的个体在这三个维度上的表现程度是不同的。因此，在这三个维度上不同程度的表现就构成了形形色色、千姿百态的人格结构。

艾森克提出鉴别个体的人格类型可以采用内外倾性和神经质（情绪稳定性）两个维度来进行：把两个维度画成两条垂线，其中一条线代表内倾与外倾，从中间向着一端去判断，越接近端点，其内倾或外倾越明显；另一条线代表情绪稳定性与不稳定性，若以此线中间为基点，往不稳定一端去判断，越往端点情绪越不稳定；若往稳定的一端去判断，越往端点情绪越稳定。如图2-7所示。

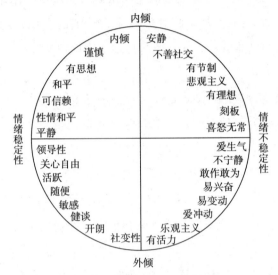

图2-7 艾森克的人格结构维度

资料来源：黄希庭，人格心理学，浙江教育出版社，2002.

根据艾森克人格结构维度分析模型，可以把人分成稳定内倾型、稳定外倾型、不稳定内倾型和不稳定外倾型四种类型。稳定内倾型表现为平静、性情平和、可信赖、克制的、有思想、谨慎、被动的，相当于粘液质；稳定外倾型表现为领导性、关心自由、活跃、随便、敏感、健谈、开朗、社交性，相当于多血质；不稳定内倾型表现为喜怒无常、刻板、有理想、悲观主义、有节制、不善社交、安静，相当于抑郁质；不稳定外倾型表现为爱生气、不安静、敢做敢为、易兴奋、易变动、爱冲动、乐观主义、有活力、相当于胆汁质。艾森克认为居于中间位置的人占多数，只有少数人属于极端的类型。

5. 人格特质新型理论——"大五"模型

20世纪80年代以来，心理学家们在人格描述模式上达成了一些共识，基本上认同人格有五种最主要的、稳定的特质，即"大五"因素模型，简称"大五"模型（big five model）。

"大五"模型最早出现在英国科学家弗朗西斯·高尔顿（Francis Galton）所写的《性格评估》（*Measurement of Character*，1884）一文中，该文利用多种词汇假设来描述人格特质；Allport Odbert（1936）延续高尔顿的理论，并从韦伯斯特新国际辞典中挑选出17 953个形容词，扩大了人格特质的描述；后来Cattell（1943）将这17 935个人格特质形容词缩减至171个；Fiske（1947）则采用因素分析法萃取出五个人格特质因素，描绘出"五大"人格特质的雏形；Norman（1985）把早期人格特质研究加以整理，并以同行间相互评量的方式来量测，再进行因素分析，结果得到五个基本因素，正式发展出"大五"模型。

直到今天，"大五"模型一直不断受到修正，五个基本因素的名称也常被更换，但最为学界广泛接受的乃是McCrae（1986）等人与Goldberg（1990）所发展出的"大五"模型，该模型将人类性格的各种个性特征都划归到责任感（conscientiousness）、宜人性（agreeableness）、开放性（openness）、外向性（extraversion）和情绪稳定性（neuroticism）五大个性维度35个个性特征之中（如表2-5所示）。

表2-5 "大五"人格因素及特征

维度	个性特征
责任感	有条理的、负责任的、可依靠的、尽职胜任的、公正自律的、谨慎克制的
宜人性	善良的、合作的、可信任的、直率的、利他的、依从的、谦虚的
开放性	明智的、有想象力的、独立思考的、具有审美能力的、情感丰富、求异、富有创造力的
外向性	热情奔放的、健谈的、自信的、活跃的、社交的、果断的、富有冒险精神的、乐观的
情绪稳定性	平静的、非神经质的、不易发怒的、焦虑的、敌对的、压抑的、冲动的

资料来源：黄希庭.人格心理学［M］.杭州：浙江教育出版社，2002.

"大五"各维度的描述性特质表述为：

（1）责任感——反映个体自我控制的程度以及推迟需求满足的能力。该维度把可靠的、讲究的、有能力的个体和懒散的、行为不规范的个体作比较，正面表现为行为规范、可靠、有能力、有责任心；负面表现为行为不规范、粗心、做事效率低、不可靠。

（2）宜人性——反映个体对其他人所持的态度，这些态度既包括善于为别人着想、富有同情心、信任他人、宽大、心软、直率，也包括充满敌对情绪、愤世嫉俗、爱摆布人和缺乏同情心。

（3）开放性——反映个体对经验本身的积极探求以及对不熟悉的情境的探索。这个维度将好奇的、对新鲜事物感兴趣的、新颖的、非传统的以及富有创造性的个体与循规蹈矩的、无分析能力的、不善于创造性思考的个体作比较，正面表现为对新鲜事物、知识、各种艺术形式和非传统观念的浓厚兴趣；负面表现为自我封闭，循规蹈矩，喜欢固定的生活和工作程序，不善于创造性的思考。

（4）外向性——反映个体人际投入水平和活力水平。表示人际互动的频率、获得刺激和愉悦的能力。这个维度将健谈的、主动的、活泼的、趋于好运和乐观的个体与沉默的、严肃的、腼腆的、安静的个体作对比。

（5）情绪稳定性——反映个体情感的调节和情绪的稳定程度。正面表现为情绪理性化、冷静、脾气温和、满足感，与别人相处愉快；负面表现为自我防卫、担忧、担心个体是否适应，往往容易情绪波动并易产生负面情绪如生气、自罪和厌世感。

Hough and Schneider（1996）认为"大五"模型是一个非常好的人格特质分类结构，可以正确测量人格特质；Peabody（1987）与Borkeanau（1992）等学者也都曾针对"大五"模型进行过实证分析，所得结论大致都与McCrae及Goldberg等人的研究成果类似。大家普遍认为以"大五"模型来分析人格特质在一定程度上比较具有可信度且可被接受。"大五"模型奠定了人格测量的科学基础，被称为当代人格心理学新型特质理论。

但"大五"模型理论和方法也被指存在一些问题，主要是在选词方面有两个比较明显的缺陷：一是研究者在制定特质词汇分类标准并按此标准去掉多余词或选择词汇构成测量词表时，分类标准过于严格，使得很多潜在的人格术语没能进入因素分析的筛选范围，导致词表内容可选择的范围过于狭窄，依此构造的人格维度有较大的主观随意性；二是 "大五"研究大都使用Allport等使用的词表，并且在做因素分析之前就已经删除了评价性术语，有的还删除了描述暂时状态（如心境）的术语，像"独立的""特异的""保守的"等重要人格术语无法归入"大五"结构的任一维度，所以从严格意义上来说，"大五"模型并没有能够包容语言中关于人格方面的所有词汇。

6."大七"人格理论

Tellegen和Waller（1987）提出"大五"模型存在局限，主要体现在选词标准的主观性和对人格特征的描述性而非评价性测量过程。因此，他们提出了人格特质的"大七"模型。"大七"人格模型又称"大七"因素模型，提出了人格的七个维度及其23个特征，如表2-6所示。

表2-6　大七因素模型

维度	特征标定词
正情绪性（PEM，positive emotionality）	抑郁的、忧闷的、勇敢的、活泼的
负价（NVAL，nagetive valence）	心胸狭窄的、自负的、凶暴的
正价（PVAL，positive valence）	老练的、机智的、勤劳多产的
负情绪性（NEM，negative emotionality）	坏脾气的、狂怒的、冲动的
可靠性（DEP，dependability）	灵巧的、审慎的、仔细的、拘谨的
适意（AGR，agreeableness）	慈善的、宽容的、平和的、谦卑的
因袭性（CONV，conventionality）	不平常的、乖僻的

资料来源：本研究整理

一些心理学家在跨文化情境下对"大七"模型进行了验证，基本肯定"大七"因素的稳定存在。Almagor（1995）等人用"大七"模型对使用希伯来语的以色列人进行了研究，结果表明，他们的前六个因素名称与Tellegen等的研究结果基本相同，有些因素的特征都是重叠的。只是第一个因素偏重"动因性"（agentic），所以他们将第一个因素命名为"（动因）正情绪性"（PEM-A，positive emotionality-agentic）；他们抽取的第七个因素被称之为"（集体）正情绪性"（PEM-C，positive emotionality-communal），所包含的特征包括喜悦的、可爱的、古怪的、沉默寡言的等等。同第一个因素相比，第七个因素更多地涉及了他人和社会。Benet（1995）等的研究发现，美国人用以自我描述的"大七"因素结构及其主要特征，同样可以在西班牙人自我或同伴的描述中找到。但是，个别标定词汇如"不平常的"，在美国样本中为因袭性维度的负标定词，在西班牙样本中则被归入正价维度，这说明"大七"模型具有一定的普遍性，但对维度的不同认知则反映出了两种文化和价值观的差异。

"大七"人格模型与"大五"人格模型具有很多相似之处。"大七"人格模型中正价（PVAL）和负价（NVAL）是两个新人格维度，其余五个维度：正情绪性（PEM）、负情绪性（NEM）、可靠性（DEP）、适意（AGR）和因袭性（CONV）分别与"大五"的外向（extraversion）、神经质（neuroticism）、谨慎（conscientiousness）、适意性（agreability）和开放性（openness）有一定的对应关系。Almagor等的研究也表明，"大七"人格模型中除两个评价维度之外，其余五个维度中有四个与"大五"人格模型的相应维度有对应关系，只是两个模型中的最后一个维度的内容差别比较大。

"大七"人格模型和"大五"人格模型最大的分歧点在于是否将评价性特质词纳入因素分析范围，或者是否承认评价性是人格模型的重要特点。同"大五"模型相比，"大七"模型增选了评价词，减少了人为主观性，明确提出并证实人格描述基本上是一种评价过程，所以，同样的研究方法就会得出不同的维度词汇。

"大七"因素模型继承了"大五"因素模型的自然语言研究思想和因素分析的研究方法，但同时也对"大五"因素模型特质词汇分类标准及筛选词汇的主观性做了批评和改进。尽管"大七"因素模型依然采用非议颇多的因素分析方法，而且对自然语言的理解仍然仅限于字词及词汇的静态结构，但它仍不失为一个比较全面、通俗易懂的人格结构维度模型。

7. 王登峰的中国人人格特质的"大七"因素模型

北京大学心理学教授王登峰在西方"大五"模型的基础上，结合中国人文特点，提出了针对中国人个性特点的人格特质"大七"因素模型。

王登峰（1997）认为，在文化和遗传方面，中国人与西方人存在着明显的差异，因此在人格结构上很可能与西方人不同。除遗传的因素影响以外，仅从文化的角度来看，人格结构可以分为两部分：一是人类共有的人格部分，它是人类进化过程中因适应共同的或相似的生存环境所形成的；二是某一文化下的人群所独有的人格部分，它是该文化下的人群因适应其独有的生存环境所形成的。因此，中国人与西方人的人格结构相比应该既有相似性，又有独特性。如果直接采用西方的人格测量工具，所测到的结果是中国人与西方人相似的部分（共有的人格部分）以及西方人独有的部分（西方人独有的人格部分）的混合，因此既可能增加或夸大中国人所不具备的特点（西方人独有的人格部分），又可能忽视中国人独有的特点（中国人独有的人格部分）。因此，王登峰（2001）在中国人特有的文化背景和生活方式下编制了"中国人人格测量量表"，建立了"中国人人格特质的'大七'因素模型"（如表2-7所示）。

表2-7　中国人人格特质的"大七"因素模型

精明干练——愚钝懦弱
严谨自制——放纵任性
淡泊诚信——功利虚荣
温顺随和——暴躁倔强
外向活跃——内向沉静
善良友好——薄情冷淡
热情豪爽——退缩自私

资料来源：庞隽. 品牌个性及与消费者个性之间的相关关系 [C].//北京大学校长基金论文集. 2003.

与西方人人格结构的"大五"模型相比，中国人人格特质的"大七"因素模型中的"外向活跃"和"温顺随和"维度分别与西方人的"外向性"和"愉悦性"维度是直接对应的，尽管在所指向的具体含义上仍存在一些差异；中国人的"严谨自制"和"热情豪爽"维度与西方人的"公正性"和"情绪稳定性"也存在着对应关系，尽管它们之间的差异比较大；而中国人人格结构中的"精明干练""淡泊诚信"和"善良友好"三个维度是中国人独有的，在西方人的人格结构中并无对应的成分；西方人人格结构中的"开放性"维度也是他们独有的，在中国人的人格结构中也无对应成分（王登峰、崔红，2000）。因为在中国人独有的维度中，"精明干练"所反映的是个体的才干，包括精明、机敏和优雅多才等内在品质；"淡泊诚信"所反映的是个体对待名利的态度，包括淡泊、诚信等品质；而"善良友好"则反映中国人对为人、品行的看重。这三个方面都是中国文化的重要内涵，反映的是为人处世的根本原则，经过长期的历史积淀，已经成为中国人独有的人格维度。换言之，当中国人反思自己或认知他人时，这三个方面是必不可少的；而西方人的"开放性"维度所反映的是"一个人的创造性以及思路开阔的程度"（王登峰、崔红，2001），是对待新的事物和经验持有的比较稳定的态度，是西方文化重视实证、较少"先入之见"影响的表现，与中国文化传统有着明显差别，因此"开放性"维度只出现在西方人的人格结构而没有出现在中国人的人格结构之中。

中国人与西方人人格结构对照如表2-8所示。

表2-8 中国人与西方人人格结构对照表

中国人的人格维度及其因素			西方人的人格维度及其层面	
维度		所含形容词数（个）	初始项目数（项）	（NEO PI - R）
1	精明干练—愚钝懦弱	共101	共445	外向性（extraversion）
	精明果敢—退缩平庸	37	243	1 热情、合群、爱交际、
	机敏得体—羞怯保守	31	136	自信、活动性、
	优雅多才—肤浅愚钝	23	113	追求兴奋、积极情绪
2	严谨自制—放纵任性	共70	共310	和悦性（agreeableness）
	坚韧自制—浮躁任性	31	186	2 信任、诚实、坦诚、
	严谨自重—放纵狡猾	19	79	利他、顺从、谦逊、
	沉稳严肃—活跃轻松	12	71	质朴、温和、亲切
3	淡泊诚信—功利虚荣	共41	共195	公正性（conscientiousness）
	淡泊客观—贪心虚荣	14	97	3 能力、守秩序、
	诚信公正—功利虚假	19	98	负责任、追求成功、

中国人的人格维度及其因素			西方人的人格维度及其层面	
维度	所含形容词数（个）	初始项目数（项）	（NEO PI－R）	
4　温顺随和—暴躁倔强	共40	共207	自我控制、严谨、深思熟虑	
4　温和宽厚—好斗计较	19	130	情绪性（neuroticism）	4
4　含蓄严谨—直率急躁	14	77	焦虑、愤怒、敌意、	4
5　外向活跃—内向沉静	共44	共253	抑郁、自我意识、	4
5　活跃随和—安静拘束	14	79	冲动、脆弱、敏感	4
5　开朗热情—拘谨多虑	16	105	创造性（openness）	5
5　主动亲和—被动孤僻	11	69	幻想、爱美、有美感、	5
6　善良友好—薄情冷淡	共24	共130	情感丰富、行动、	5
7　热情豪爽—退缩自私	共16	共95	观念、价值	5

资料来源：王登峰，崔红. 中国人人格量表（QZPS）的编制过程与初步结果［J］. 心理学报，2003（01）：127-136.

　　中西方人格结构的研究过程及其对比表明，在人们的行为表现中，人格特点和文化环境是互相影响、交互作用的，绝不能脱离文化环境去研究人格。中国人人格特质的"大七"因素模型所确认的中国人人格结构与中国传统和文化紧密相关，以该模型为基础对中国人的人格进行深入、系统的研究，则具有一定的科学性和可操作性。

　　8. 中国大学生消费者人格量表

　　中国学者王登峰在他所建立的中国人人格"大七"因素模型及人格量表基础上，又通过实证研究建立了适用于中国大学生群体的人格测量工具——中国大学生消费者人格量表（CCSPS）。

　　王登峰认为，大学生的人格结构与成年人是一致的，但大学生群体因为年龄、经历等原因，在具体人格特点上与成年人相比还存在着一些差异。他以中国人人格"大七"因素模型和中国人人格量表为基础，重新构建了中国大学生消费者人格量表（CCSPS）。该量表根据每个人格因素所包含的内容，将大学生消费者人格划分为七个维度并分别命名。如表2-9所示。

表2-9　中国大学生消费者人格量表（CCSPS）

维度	构成要素	反映内容	要素特征
活跃	14个	个体合群和活跃的倾向	高分表明擅长与人相处、积极主动、温和自然；低分表明与人交往紧张、不善言辞、被动退缩
爽直	9个	个体人际交往中言辞直率、不擅控制情绪的倾向	高分表明心直口快、直截了当；低分表明含蓄委婉、平和稳重
坚韧	11个	个体坚定执着、努力进取的倾向	高分表明目标明确、坚定执着、踏实努力；低分表明得过且过、不思进取和容易放弃
严谨	11个	个体认真仔细、严谨自制的倾向	高分表明做事认真、守规和自我克制；低分表明放纵随意、别出心裁
利他	8个	个体关注他人利益、诚信、谦逊的倾向	高分表明诚信、随和友好和谦逊豁达；低分表明势力浮夸、自私虚假和不择手段
重情	7个	个体为人处事注重感情或利益的倾向	高分表明注重情感联系、敏感投入；低分表明坚持原则、注重理智
随和	8个	个体机智敏捷、温和柔顺的倾向	高分表明机智灵活、诙谐乐观；低分表明愚钝拖沓、刻板敏感

资料来源：本研究整理

中国大学生消费者人格量表（CCSPS）是依据中国人人格结构的系统研究结果编制出来的，与中国人总体人格结构具有一致性，七个维度也比较全面地概括了中国大学生消费者人格结构所包含的内容，是中国大学生群体人格特点分析和研究的不可忽视的重要工具。

第三节　自我概念一致性的研究成果

自我概念（self concept）最早由美国心理学家威廉·詹姆斯（William James）提出，他认为"自我是个体所拥有的身体、特质、能力、抱负、家庭、工作、财产、朋友等的总和"（William James，1890）；后来美国心理学家罗杰斯（C.R Rogers）进一步发展了自我概念，形成了人格自我理论的结构基础。

罗杰斯认为自我概念是指个体对作为一个整体的自己的意识和体验，是一个相对稳定的观念系统，也是一个多维度、多层次、复杂的心理系统。

他把自我分为现实自我和理想自我两个部分。现实自我（或真实自我，real self）是指个体对自己在与环境相互作用中表现出的综合的现实状况和实际行为的意识，是真实存在的自我；理想自我（ideal self）是指个体意念中有关自己的理想化形象，是个体最希望成为的人，一般可采用Q分类技术（Q sort technique）进行测查。

自我概念是个体认识到的自我，现实自我是真实存在的自我，理想自我是个体向往的自我。自我概念并不一定能反映现实自我，即个体认识到的自我和真实的自我之间可能会存在差距；同样，自我概念和理想自我之间、现实自我和理想自我之间也会存在一定的差异；个体为了达成理想自我，就会不断努力、不断追求；真实自我与理想自我的和谐一致决定了个体的人格一致性。

在消费者行为研究领域，许多学者如Gardner和Levy（1955、1959）等引入心理学的自我概念，对消费者的自我形象与产品形象之间的一致性作了研究，他们重点关注的是不同产品投射出来的不同的形象特征与消费者自我概念之间的有机关联。他们认为，通常消费者更喜欢选择产品形象与自我形象相一致的产品；消费者会为具有鲜明个性特征的他人选择符合其个性特征或者更能凸显其个性特征的品牌，而这些品牌的个性特征应该与典型消费者的个性特征是一致的。消费者往往会有意识或无意识地认为他们的财产（物质）是自己的一部分（Belk，1988）。人们也通过购买商品来获得、加强他们的自我意识（这些物质象征着他们自己和与他们沟通的其他人）（Dolich，1969; Hamm & Cundiff, 1969; Johar & Sirgy, 1991）。

根据D.Aaker的研究结论，人们更倾向于选择与自己个性相似的品牌，而品牌个性与消费者个性之间的一致性会对消费者的品牌选择产生影响。品牌个性与消费者个性的一致性程度越高，消费者越偏好这个品牌（D.Aaker，1996）。

Aaker（1997）研究发现，品牌个性"大五"模型中的真挚、刺激和胜任与Tepus和Christal（1961）提出的人格"大五"模型中的和悦性、外向性和谨慎性这三个维度具有——对应的关系，该理论为后续研究品牌个性与消费者人格之间的关系提供了有价值的参考和研究方向。

Lin（2010）一直支持"一致性说法"，其研究表明，消费者更喜欢能够紧密匹配自己个性的品牌。但J. Aaker（1999）的研究曾经警告，现实自我与理想自我应该严格区别开来，Lin没有严格界定好这两个概念之间的差异，这被后来的研究者视为她的研究的薄弱环节。

知名的营销专家Kotler和Keller同意"一致性说法"，消费者会选择与自己个性相似的品牌个性的品牌。Kotler 和Keller（2006）认为Aaker的品牌个性量表的含义是，品牌个性将吸引具有相同个性特质的人。根据Sirgy（1982）的说法，消费者往往会选择和使用具有与自己实际的自我概念相一致的品牌个性的产品。然而，Sirgy也认为在某些情况下，这种情况可能是根据消费者的理想自我概念（自己怎样看自己）或者他人自我概念（他人怎样看自己）而不是客观展示出来的实际的自我形象导致的结果。

庞隽（2003）以大学生对运动鞋的消费为例，以 Aaker品牌个性"大五"模型和中国人格特质"大七"因素模型为测量框架，通过对虚拟人物人格个性特征的描述，使个性代表人物分别对应一种人格个性特征，并让受测者为具有此个性特征的个性代表人物选择合适的运动鞋品牌。调查结果如表2-10所示。

表2-10　消费者个性与品牌选择关系表

个性代表人物	合适的运动鞋品牌
小A：精明干练	耐克、锐步、阿迪达斯和李宁
小B：严谨自制	李宁、耐克、阿迪达斯
小C：淡泊诚信	耐克、阿迪达斯、双星
小D：温顺随和	耐克、安踏、百事
小E：外向活跃	耐克
小F：善良友好	李宁、耐克
小G：热情豪爽	耐克、百事、阿迪达斯

资料来源：庞隽. 品牌个性及与消费者个性之间的相关关系［C］.//北京大学校长基金论文集. 2003.

通过对研究结果的深入讨论，发现消费者购买产品时不仅具有强烈的品牌意识，而且品牌选择较为集中。品牌个性与典型消费者个性是相互映射的关系，人们往往会根据品牌典型消费者的特征对品牌个性形象进行判断和归类，然后又会根据归类后的品牌个性对典型消费者的特征进行更为全面而清晰的描述，从而使品牌个性与典型消费者的人格特征之间保持了合理而科学的一致性。在品牌个性与典型消费者特征之间的比较上，该研究认为Aaker品牌个性中真挚、刺激、胜任、坚固和精致这五个维度在中国男性大学生消费者看来是能够对运动鞋品牌的个性特征进行概括的描述，这些维度特征都在较高程度上反映了该品牌的个性。专业、休闲、朴素、酷这四大分类与Aaker的胜任、精致、真挚、刺激在一定程度上存在着一一对应的关系，区别在于Aaker品牌个性维度是跨产品种类的品牌个性描述，而运动鞋品牌形象类别则是针对运动鞋单一产品种类的品牌个性描述。Aaker品牌个性维度和运动鞋品牌形象类别的对应研究结果如表2-11所示。

表2-11 Aaker品牌个性维度和运动鞋品牌形象类别对应表

品牌个性维度		运动鞋品牌形象类别
胜任	←——→	专业
精致	←——→	休闲
真挚	←——→	相互
刺激	←——→	酷
坚固	←——→	时尚

资料来源：庞隽. 品牌个性及与消费者个性之间的相关关系 [C].//北京大学校长基金论文集. 2003.

该研究以中国消费者为例，运用Aaker品牌个性"大五"模型和中国人格特质"大七"因素模型，探讨了中国的消费者人格个性特征与品牌个性之间的关系，虽然忽视了Aaker品牌个性"大五"模型的文化背景，但依然得出了人们会为具有鲜明个性特征的典型消费者选择符合其个性特征或者更能凸显其个性特征的品牌产品，而这些品牌产品的个性特征与典型消费者的人格个性特征相一致的结论。

周世玉、陈麒文、张为诗（2005）同样以大学生对运动鞋产品消费为例，以 Aaker 品牌个性"大五"模型和"人格特质自我分析量表"为基础，按着二阶段集群分析方法进行品牌个性和人格特质分群，将运动鞋品牌个性分群为"诚恳可靠型""强壮型""流行出色型"和"朴实温和型"；受测者的人格特质分群为"亲切可靠型""外向且有创意型"和"保守内向型"。通过对人格特质集群在人口统计变量、品牌个性关联分析和知觉品牌个性影响程度分析，总结出大学生消费者人格特质与品牌个性偏好的关系为：亲切可靠型大学生，倾向于购买品牌个性为"诚恳可靠型"以及"流行出色型"的运动鞋品牌；外向且有创意型的大学生，较倾向购买"流行出色型"以及"强壮型"品牌个性的运动鞋品牌；保守内向型的大学生，受品牌个性影响程度最小，并且没有特定的运动鞋品牌进行个性化选择，在购买非品牌运动鞋上的比例也是三种人格特质中最高的。

朱正浩、刘丁已、章翰（2008）以台北市汽车业为例，通过回归分析研究发现，当汽车的品牌个性与消费者真实自我形象的一致性程度愈高时，消费者的购买意愿也就愈高；当汽车的品牌个性与消费者理想自我形象的一致性程度愈高时，消费者的购买意愿也会愈高。证明了品牌个性与消费者自我形象的显著相关性。

第四节　顾客感知价值理论及其结构维度研究

一、顾客感知价值理论

顾客感知价值是营销学中一个里程碑式的概念。因为只有创造出价值并且传递给顾客，企业才有存在的正当理由，也才能实现企业目标。市场营销最主要的任务就是帮助企业比其竞争对手更有效地为顾客创造价值。

国内外营销界对"顾客感知价值"这个概念存在着多种表述方式，如顾客价值、感知价值、顾客让渡价值、消费价值、消费者价值、服务价值、获得和交易价值以及货币价值等，但唯有"顾客感知价值"最能体现出该理论的准确内涵。

尽管学者们普遍使用顾客感知价值这一概念，但都很少对其内涵进行具体的描述与阐释。

德鲁克（1954）指出，顾客购买和消费的绝不是产品，而是价值；波特（1984）指出顾客价值是顾客对商品的主观评价，反映了顾客的意愿。波特进一步指出，购买过程是顾客将价格和价值进行权衡的过程，价格是顾客接受产品或服务需要支付的成本，即买方成本，它不仅包括顾客在实际购买发生时支付的货币价格，还包括顾客为获得商品所花费的时间、精力以及商品的直接使用成本和间接使用成本；价值涉及顾客的需要，是顾客可以察觉到的收益。波特对顾客价值的研究比较全面和深入，虽然是基于静态的假设条件，还不够系统，也没有明确归纳出顾客感知价值的概念，但依然使对顾客感知价值理论的研究有了一个良好的开端。

顾客感知价值的概念结构随着学者们的研究角度、研究方法的不同而产生了不同的流派。在过去20年里，西方学者对于顾客感知价值定义的研究，让学界普遍可以接受的是"三结构"说，即以Zeithaml为代表的"权衡说"、以Sweeney和Soutar为代表的"多因素说"和以Woodruff为代表的"综合评价说"。

1. 权衡说

Zeithaml（1988）认为，企业在为顾客设计、创造、提供价值时应该从顾客导向出发，把顾客对价值的感知作为决定因素，顾客价值是由顾客而不是由企业决定的。顾客价值实际上是顾客感知的价值。Zeithaml、Parasurama和Berry（1990）进一步将顾客感知价值定义为基于顾客所得和所失的感知，是顾客对产品效用所做的总体评价；Monroe（1991）将感知价值定义为购买者的价值感知，是购买者在使用产品或接受服务中感知的质量或利益与购买产品过程中支付的价格等付出之间的一种感知和权衡；Andeson、Jain和Chintaguntel（1993）认为顾客之所以购买某一产品是因为通过购买给其带来的以货币单位计量的经济、技术、服务和社会利益中的溢价感知；Wodruff、Gardial（1996）将顾客感知价值定义为期望属性与利失属性之间的权衡；

Flint、Woodruff和Gardial（1997）等从关系营销的视角，认为价值体验过程是关系营销的起点和结果，关系营销应该为顾客和其他各方创造出比单纯交易营销更大的价值。他们认为，将顾客感知价值定义为顾客根据付出什么、得到什么的感知而对产品效用做出总的评价，这种看法没有考虑到提供物的供需关系，实际上供需关系本身对于总的感知价值可能会有重要影响。在紧密的供需关系中，顾客可能会将评价的重点从单纯的提供物转向评价供需双方的关系。如果供需双方关系被认为有足够价值的话，即使产品或服务不是最好的，参与交换的各方仍然可能会达成协议。所以价值也是关系营销的一个重要概念；Cronroos（2000）认为顾客在感知价值时除了关注企业提供物以外，还关注相互间的整体关系；顾客感知价值不仅来源于产品及附属服务，还应该包括维持关系的努力，企业可以通过发展良好而持续的顾客关系来创造顾客价值。关系范畴中的感知价值可以用下面两个公式来表述：

顾客感知价值＝（核心产品+附加服务）/（价格+关系成本）；

顾客感知价值＝核心价值±附加价值。

而Ulaga、Chacour（2001）则认为顾客感知价值是顾客对产品的多重利得与利失的权衡；菲利普·科特勒（1997）认为，顾客购买产品时所考虑的不仅仅是质量和价格，而是许多因素的综合，可以用顾客让渡价值来表示。顾客让渡价值指的是顾客感知价值与顾客感知成本之间的差额。顾客感知价值指的是顾客购买某一产品与服务时所期望获得的一组利益，包括产品价值、服务价值、员工价值和形象价值等；顾客感知成本指的是顾客为购买某一产品所耗费的时间、精神、体力以及所支付的货币资金，可以分为时间成本、精神成本、体力成本和货币成本等。顾客会从感知价值和感知成本两个方面进行比较，把感知价值最高、感知成本最低的产品作为优先选购的对象。

主张权衡说的多数学者都认为顾客感知价值的核心是感知利得与感知利失之间的权衡，但也有少数人认为感知价值就是感知利得。随着研究的不断深入，感知利得与感知利失的内涵越来越丰富，他们强调顾客价值感知的主观性，即产品的价值是由顾客而不是企业来决定的，认为顾客感知价值是消费者对提供物进行比较、权衡后的一种自发的反应。

2. 多因素说

Sheth（1991）等认为一些学者把顾客感知价值仅仅等同于质量和价格的比值过于简单化，如果顾客感知价值概念仅仅限于质量和价格，将不利于顾客感知价值理论的进一步发展，因此多因素说应运而生。

Sheth、Gross和Newman（1991）认为顾客感知价值应该是产品所提供的价值组合，应该包括功能性价值、社会性价值、情感性价值、认知价值和情境价值。Bruns（1993）则把顾客价值划分为产品价值、使用价值、占有价值和全部价值。而Holbrook（1994）则提出了顾客体验观点，强调除了功能性要求之外，顾客在消费过程中所体验到的象征、愉悦和美感也十分重要，顾客是通过功利和体验两方面来进行价值判断的。Parasuraman、Grewal（2000）认为顾客感知价值应该是一个动态的概念，主要包括获取价值、交易价值、使用价值和赎回价值四种价值类型。Chandon（2000）把顾客感知价值分为功利主义价值和享乐主义价值两类。其中，功利主义价值主要是帮助消费者追求最大化效益、提高效率以及节省金钱、时间等成本；享乐主义价值主要是提供内在的刺激、娱乐以及自我尊重等等。Sweenev、Sautar（2001）把顾客感知价值划分为四个维度：情感价值、社会价值、质量价值和价格价值。Woodruff、Flint（2002）认为顾客感知价值是愿望价值，是顾客渴望得到的价值和使用价值，即在具体产品使用中感受到的价值。

多因素说的核心观点就是：任何产品所提供的价值都不是单一的一种价值，而是几种价值的组合。不同之处在于在不同的状态下哪种价值类型所占的比重偏多一些，或是所包含的价值类型更全一些。

综合评价说。Woodruff是顾客感知价值领域具有代表性的学者。早期他在顾客感知价值研究中主张"权衡说"，但在1997年之后他放弃了先前的观点，而是采用了一种全新的顾客感知价值定义作为研究的基础："顾客对产品的某些属性、属性的性能以及在具体情境中有助于（或有碍于）达到其目标和意图的产品使用结果的感知偏好与评价"（Woodruff，1997）。此定义一经问世，就得到了学术界的广泛认可。该定义强调了顾客感知价值判断中的几个重要因素：产品是实现顾客目的的媒介；产品是通过结果（顾客体验到的结果）的交付来创造价值，而非其固有特性；顾客对价值的判断极易受特定使用情境的影响。Woodruff 的定义采用基于价值的顾客观念，这种观念来自顾客怎样考虑价值这样一个实证研究结果，它的形成建立在"途径—目的"模型的概念框架上。与前面"权衡说"和"多因素说"把顾客感知价值看成是一个平面中的两大类或几大类要素的观点不同，Woodruff把顾客感知价值看作是一个层次结构，它包括产品属性、属性表现（或使用结果）两个层次。正是由于采用了这样一个较为复杂的顾客感知价值定义，Woodruff 特别强调通过对顾客在一定的使用情境中的消费与使用过程的考察来发现顾客价值，包括现场观察、深度访谈等。较之定量研究方法，Woodruff更强调对顾客感知价值进行定性研究。

目前国内关于顾客感知价值理论的研究也比较深入，较有代表性的学者有白长虹、范秀成、武永红、董大海等。

白长虹（2001）是较早把西方顾客感知价值理论介绍到中国的学者之一。2001年，他在《西方的顾客价值研究及其实践启示》一文中，对西方学者在顾客感知价值这一领域中具代表性的研究和主要理论成果进行了回顾、梳理和评论，认为感知价值是顾客基于其所得和付出而对产品或服务效用的总体评价。同时，他又对顾客感知价值与顾客满意的关系进行了研究，指出顾客感知价值是顾客对产品与服务在权衡利得与利失基础上形成的评价与偏好，是决定顾客满意的重要前提；顾客感知价值与顾客满意之间存在着层次上的互动，从而形成不同层次的顾客满意；顾客感知价值为企业真正实现顾客满意提供了新的认识途径和管理基础。

范秀成和罗海成在集成"权衡说"与"多因素说"的基础上，对顾客感知价值的概念进行了完善与修订，给出了更为全面的定义。武永红、范秀成（2004）在此基础上又做了进一步的阐释：顾客感知价值就是具有特定需求与意图的顾客个体或顾客群体，在具体使用情景下，针对特定企业为满足顾客这些需求而提供的特定市场提供物，感知到通过这一具体的市场提供物在满足其需求的过程中已经、正在或者将能得到的各种利益和为得到这些利益已经、正在或者将要做出的各种付出，并对这些利益和付出进行权衡比较后形成的总体评价。

董大海（1999）认为顾客感知价值就是顾客在购买和使用某个产品的整个过程中所获得的效用与所付出的成本的比较。

马玉波、陈荣秋（2003）借鉴Zeithaml的定义，从利于指导企业创造和提升顾客价值的角度，提出了自己的"产品/服务价值"的概念：产品/服务价值是指企业在产品和服务中创造、传送的功能、效用普遍被顾客感知、认可、接受的程度，它是以"产品/服务客观性能"为基础的主观认定，对大多数顾客有客观收益，同时又是主观认知的结果。

成海清（2007）认为，顾客感知价值是指顾客与企业及其产品在整个接触互动过程中，顾客对企业及其产品的存在、作用及其变化同顾客及其需要相适应、相一致或相接近的程度的感知和评价。由此定义可知，顾客价值的感知有正面和负面之分，正面的称之为顾客感知价值，负面的称之为顾客感知成本。

综合众多学者对顾客感知价值的定义，发现这些定义有许多共同之处：一是顾客感知价值与产品有关，与顾客的消费体验有关；二是顾客感知价值是顾客的一种基于主观判断的感知；三是顾客感知价值的核心是感知利得与感知利失的权衡。因此，本研究给顾客感知价值定义如下：

顾客感知价值是指典型消费者对特定品牌产品进行消费体验时的一种感知和主观判断，是顾客在产品消费前对产品内涵的认知（期望值）同产品消费后对实际产品的感知（实际感受值）之间的感受和权衡，是测量顾客满意程度的最直接的量化统计指标。

二、顾客感知价值的驱动因素

顾客感知价值的驱动因素研究一直是顾客感知价值研究领域中的焦点和难点。因为驱动因素研究必须依托实证研究，结论也需要不同行业及细分市场背景下的实证研究结果予以支持。纵观国外和国内的相关文献，还没有学者对顾客感知价值的驱动因素作出一个全面、明确的定义，学界对顾客感知价值驱动因素内涵的认知还没有成熟和统一，但大家普遍认可顾客感知价值的驱动因素就是顾客感知价值的来源（sources）或顾客感知价值的构成要素（components）。

Aaker（1991）提出品牌权益由品牌忠诚、感知质量、品牌认知和其他专有资产组成，并通过实证得出顾客感知质量是品牌权益的直接影响因素。Wolfgang、Uaga等对德国流体食品制造商的顾客感知价值进行了研究，按产品、服务和促销范畴界定出16个驱动因素，在整个评估过程中采用顾客价值审计的方法评价企业与顾客之间的感知价值差异。结果表明：从企业的角度看，在驱动顾客感知价值的各项因素中，价格与质量处于同等重要的地位；而从顾客的角度看，在顾客感知价值的驱动因素中，质量的作用要远远大于价格的驱动力量，前者是63.3%，后者是36.7%；市场导向的目的是为了向顾客提供高附加的顾客价值，但如果理解错了顾客的价值取向，那么企业所提供的价值就不能提高顾客满意度。所以一定要从顾客的角度研究和获得顾客感知价值的驱动因素。

Woodruff（1997）等人提出了一个顾客价值变化的驱动因素模型。他们认为顾客价值之所以具有动态性的特征是由驱动因素引起的。在该驱动因素模型中，他们把所有因素归结为三类变化：供应商的变化、顾客的变化以及环境的变化。认为由于环境和组织的动态性而导致顾客产生压力，而压力正是导致顾客期望价值变化的主要原因。因为顾客压力将会使消费者依赖于供应商来减缓这种压力，当这种需要越来越紧迫时，他们就可能会改变原有的期望价值。

Wayne（1998）等认为顾客感知价值是由价格、质量、利得、利失驱动的多维结构，这个维度必须在给定产品类别的基础上检测和建立，认为顾客感知价值不应该事先就局限为相对质量和相对价格的权衡，它应该建立在一个未知维度个数的基础上来测量。他们尝试对汽车行业的顾客感知价值进行实证调查研究，以价值图的形式将顾客感知价值的维度和细分市场表达了出来。结果表明，在事先没有确定维度的基础上，汽车行业的顾客感知价值由两个维度构成：利得与利失。同时市场被性别变量分为两个细分市场，即由女性组成的第一细分市场和由男性组成的第二细分市场。第一细分市场更看重质量而非利失维度，第二细分市场看重的标准恰好相反。而Ulaga（2001）通过实证研究发现，顾客价值的驱动因素可以分成三类：产品相关特性、服务相关特性和促销相关特性。

学者们对顾客感知价值驱动因素的探索，主要基于顾客的感知利得和感知利失的成分进行分析。顾客感知质量被认为是顾客最重要的感知利得（Parasuraman，2000；Thaler，1985），也是学者们公认的顾客感知价值的驱动因素，顾客感知质量对顾客感知价值有直接而积极的影响（Brady，2001；Kashyap，2000）；顾客感知利失是顾客感知价值的另一个公认的驱动因素，顾客感知利失（通常指感知货币价格）对顾客感知价值有直接的负向影响（Bolton，1991；ehang，1994）。

也有学者（Zeithaml，1988）认为，顾客感知价值是主观的，随顾客的不同而不同。不同的顾客具有不同的价值观、需求、偏好，而这些显然影响着顾客的感知价值；同一顾客在不同时间感知价值也不一样，"每个顾客只反映了他的一个瞬间"（Vantrappen，1992）。因此，有学者建议，在研究顾客感知价值驱动因素时，除了考虑产品质量、服务质量以及价格因素外，还需要将顾客自身作为一个驱动因素来考虑。

还有一些学者认为除了产品服务质量、价格等客观因素以及顾客自身主观因素之外，情境也应该是感知价值的驱动因素。因为感知价值也可能因为适用环境的不同而有所差异，顾客在不同时间对价值的评估可能有所不同（Woodruff，1997）。

另外，也有人认为维持关系的努力也是一种驱动因素，通过发展良好而持续的顾客关系也能创造出顾客感知价值（Granlose，1997）。

综合上述文献观点，顾客感知价值的驱动因素大致可以包括三大类：客观因素（产品/服务质量、价格）、主观因素（顾客价值观、需求、个人偏好等）以及情境因素。本研究就是把客观因素（产品品牌）同主观因素（消费者人格）的相关性（一致性）——品牌个性作为顾客感知价值的驱动因素之一来进行实证研究。

三、顾客感知价值的测量

在社会科学研究过程中，学者们往往通过建立理论模型作为测量量表构建的理论基础，然后再通过对量表实际运用得出的结论来检测和证明理论模型的科学性。

顾客感知价值就是通过顾客感知价值维度模型来构建量表然后进行测量的。

由于对顾客感知价值驱动因素理解的角度不同，学者们对于顾客感知价值的结构维度也有各自不同的认知。

目前比较成熟的顾客感知价值模型主要有二维度模型、三维度模型、四维度模型、五维度模型和六维度模型。

1.二维度模型

目前，处于主流地位的顾客感知价值维度模型就是二维度模型。其构建者们认为顾客感知价值由感知利得和感知利失两个维度构成（Zeithaml，1988；Flini，1997），也有学者称之为获取价值和交换价值（Grewal，1998）。Zeithaml（1988）针对价格、质量与顾客感知价值的关系，认为感知利得包括产品属性、感知质量以及其他相关的高层次的抽象概念，感知利失包括货币因素与非货币因素（如时间、精力、努力等）；Carothers（1991）对Zeithaml的观点进行了补充，认为感知质量不仅包括有形产品质量，也包括无形服务质量。

Bradley T. Gale是较早提出顾客价值理论的学者之一，他主张从质量和价格两大维度来测量顾客价值的得分，其中得分情况由顾客给出（Gale，1994）。Gale在测算市场感知质量和市场感知价格基础上，提供了更直观的分析方法，使测量结果一目了然。他绘制了由质量和价格构成的顾客价值二维坐标图，坐标图分为四个象限，顾客价值通过计算之后会落在图中的不同象限。若在Ⅰ象限，说明CV值低；若在Ⅱ、Ⅳ象限，表明企业可以扩大市场份额，并保持P不变；若位于Ⅲ象限，CV值就高。

Gale认为顾客价值图是一种功能非常强大的工具，通过顾客价值图，企业可以清楚地了解自己以及竞争对手的市场定位，有效地制定顾客价值战略，为顾客创造更大的感知价值。

Gale所提出的顾客价值测量方法弥补了顾客价值测量缺乏竞争指导性的缺陷，是一种能够将企业与竞争对手提供的顾客价值直接拿来进行比较的方法。

菲利普·科特勒的顾客感知价值（customer perceived value）模型基于对顾客将从那些他们认为能够提供最高让渡价值的公司购买产品的认知。顾客让渡价值指顾客感知价值与顾客感知成本之间的差额。顾客感知价值指顾客购买某一产品与服务时所期望获得的一组利益，包括产品价值、服务价值、员工价值和形象价值。产品价值是指产品的质量、功能、规格、特色、款式等因素所产生的价值。产品价值的基础是产品质量。服务价值是伴随产品实体出售而向顾客提供的各种附加服务所产生的价值。服务可分为售前、售中和售后服务。员工价值指企业员工的经营思想、经营作风、业务能力、知识水平、工作效率与质量所产生的价值。形象价值指企业及其产品在社会公众中形成的总体形象所产生的价值。企业形象由理念识别系统、行为识别系统和视听识别系统构成；顾客感知成本指顾客为购买某一产品所耗费的时间、精神、体力以及所支付的货币资金，可以分为时间成本、精神成本、体力成本和货币成本等。顾客购买某一产品时，会从感知价值和感知成本两个方面进行比较，把感知价值最高、感知成本最低的产品作为优先选购的对象。当感知价值大于感知成本时，顾客就会满意，否则，顾客就会不满。

科特勒顾客感知价值模型如图2-8所示。

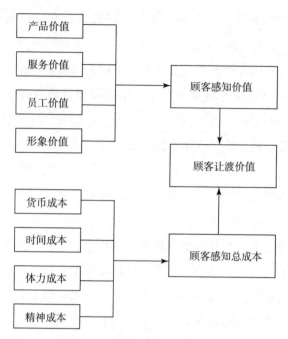

图2-8 科特勒顾客感知价值模型

资料来源：本研究整理

科特勒的顾客让渡价值理论是从顾客让渡价值和顾客满意的角度来阐述的，该模型是顾客价值测量中最重要的模型之一，奠定了二维度模型主流地位的基础。

2. 三维度模型

Woodruff（1997）提出的顾客价值层次模型。该模型以手段和目的理论为基础，将产品与顾客价值的关系划分为三个层次：属性层、结果层和最终目的层。这三个层次自下而上逐渐抽象化，并且越来越同顾客感知价值相关联。顾客在购买和使用某一具体产品的时候，会考虑产品的具体属性和属性效能以及这些属性对实现自己预期结果的能力。从最高层向下看，顾客会根据自己的目标来确定所购产品在各种使用情境下达到各种效果的权重。同样，结果又确定属性和属性实效的相对重要性。该模型强调了使用情境在顾客价值评价中的关键作用，当使用情境发生变化时，产品属性、结果和目标间的联系都会发生变化。该层次模型还指出，顾客会通过对每一层次上的产品使用前的期望价值和使用后感知价值的对比，形成对每一个层面的满意感觉。因此，顾客对于产品属性、属性效能、使用结果和目标意图的达成度都会产生满意或者不满意的感受。该模型可以帮助企业确定顾客关心哪些价值因素和关心程度，以及顾客如何感知企业所提供的价值问题。

Holden（1999）将顾客感知价值分为利益性价值、体验性价值和象征性价值三部分。其中，利益性价值指满足消费者对产品本身的功能或效用上的需求，使消费者感受到提高了利益或降低了成本的效用；体验性价值是指给消费者提供了直接的感官情绪方面的服务，使消费者感受到提高了利益或降低了成本的效用；象征性价值指提升消费者自我形象、角色地位、群体归属和自我区别意识，使消费者感受到提高了利益或降低了成本的效用。

王锡秋（2005）认为顾客价值可以看成是一个由经济价值、物理（功能）价值和心理价值三个维度构成的价值空间中的矢量。作为一种顾客感知的价值，这三个方面非线性相关，很难对其进行精确计量。王锡秋采用模糊数学方法，在对目标消费者进行调查的基础上，分别对经济价值、物理（功能）价值和心理价值进行模糊评价，从而确定了顾客价值矢量的大小和方向。

3. 四维度模型

Kristina（2004）认为感知价值是顾客在特定时间和特定地点对以特定方式提供的特定服务的感知，对顾客感知价值的测评应该包括时间、空间、功能性及技术性四个维度。低水平的时间、空间维度的服务必然带来消极的价值评价，但高水平的时间、空间维度的服务也未必带来积极的价值评价。也就是说，服务的时间、空间维度水平越低，顾客感知的利失就越大，对价值评价就越小。不仅如此，低水平的时间和空间维度的服务比低水平的功能性和技术性维度的服务对顾客感知服务价值的消极影响更大。

4. 五维度模型

Sheth和Gross提出的消费价值模型。

该模型将顾客感知价值分为五个维度，即功能性价值、社会性价值、情感性价值、认知性价值和情境性价值。功能性价值是指产品具有满足效用或功能目的使用属性；社会性价值是指一个品牌能使顾客与其他社会群体联结，顾客的目的不仅仅是为了满足功能上的需求，还要能够显示出自己的社会地位；情感性价值是指产品或品牌所具有的改变消费者情感或情绪状态的能力或效用；认知性价值是指一个产品或品牌具有引起顾客的好奇心、提供新奇感或是满足顾客对知识追求的能力；情境性价值是指在某些情境之下产品若能暂时提供较大的功能性或社会性价值，则此产品就具有情境性价值。

研究者认为这五个维度在购买层次、产品层次和品牌层次上对顾客的选择行为都有显著影响，顾客选择的感知效用实际上是上述五个不同维度的顾客感知价值的函数。这五种价值中的任何一种或全部都会影响顾客的选择行为，对顾客选择行为具有叠加作用。

5.六维度模型

Wang（2004）针对顾客感知价值五维度模型又加入了一个新的维度——感知付出维度，从而形成了六维度模型。

综上所述，可以看出，顾客感知价值测量维度的多维度理论正在逐步发展和完善，但仍然以二维度模型为主流。从本质上讲，多维度模型中的很多层面其实都是从二维度模型中发展而来的，但多维度模型从更宽广的视角把二维度模型的结构分解成了更易于测量的构面，客观上形成了对二维度模型的进一步完善和补充。

第五节　自我概念一致性对顾客感知价值的影响研究

自我概念与品牌个性一致性理论简称自我概念一致性理论，它是指消费者在消费过程中，产品上的使用者形象与消费者的自我概念之间交互作用使消费者产生的一种主观感觉（Sirgy，1997）；自我概念的意义在于它能够通过自我形象的表达来影响消费者的购买行为，也就是说消费者所使用的产品表达了消费者本人的自我概念（Sirgy，1982）；通过产品的购买及使用，消费者可以确定、维持以及提升自己的自我概念（Zinkham，Hong，1991）；由于对产品的购买和使用是一种很好的自我表达的方式，消费者经常会选购同自己的自我概念相一致的产品或品牌（Graeff，1996）。由以上研究结论可知，消费者自我概念与品牌形象的一致性能够提升顾客感知价值，影响消费者产生积极的消费行为。

在消费者行为学领域，国内外学者对自我概念一致性理论进行了深入研究，取得了大量研究成果。

1997年，Sirgy提出了消费者自我概念与品牌个性一致性的概念，指出在自我概念与品牌个性具有一定的符合度的前提下，消费者认知和体验产品过程中会在主观上产生一种亲和感，形成消费者的自我—品牌联结，这是一种高层次的个性吸引，是消费者使用有形的品牌和具体的行为来构建、强化或保持无形、抽象的自我概念的一种行为方式。例如，一个具有"时尚"属性的品牌，能够激发或是强化、保持消费者自身"时尚"的自我概念，也就是说，消费者趋向于选择同样是"时尚"的品牌，同时"时尚"的品牌反过来也会影响消费者自我概念中的"时尚"形象。

很多学者对消费者自我概念与品牌个性的一致性在消费者行为中的影响和作用进行过研究，主要侧重于自我概念一致性与购买意愿、购买行为、品牌偏好、品牌忠诚等的关系研究（Ibrahim H，Najjar F，2013）。

Sirgy（1982）认为，个性鲜明的品牌会使消费者产生联想，如果品牌个性与消费者自我概念一致性程度较高，消费者就会对品牌产生归属感，认为品牌及其产品与自我形象高度相关，从而产生顾客感知价值和忠诚度较高的购买行为。

专家们的实证结论也验证了这一观点，消费者的自我概念与品牌个性匹配程度较高时，会对品牌产生更强的情感联系，形成品牌的忠诚与信任，表现为正面口碑、推荐他人购买、长期合作等行为。

还有一些学者对在产品性质、产品使用场合不同的情况下自我概念一致性对消费者行为的影响进行了研究。他们把产品性质分为功能性产品和象征性产品，把产品使用场合分为私下场合和公共场合。得出的结论是：私下场合消费者可能会更多地关注产品本身，比如产品功能、产品的性价比等；而对于在公共场合使用的品牌来说，消费者比较多地关注产品所能代表的身份、地位、尊严等象征意义。

Zinkhan和Hong对私下场合和公开场合情境下消费者的购买选择进行了研究，发现在私下场合情境下消费者更倾向于选择与真实自我概念一致性较高的品牌，此时更看重产品的功能性价值；在公共场合使用的商品，消费者更倾向于选择与社会自我概念一致性较高的品牌，此时会更加看重品牌的象征性价值（Zinkhan G M，Hong J W，1991）。

Quester的研究同样也认为消费者在选择功能性品牌时受真实自我概念的影响更大些，而选择象征性品牌时则受社会自我概念的影响更大些（Quester P,Farrelly F,1992）。

最早把个性和顾客感知联系到一起的是William Lazer（1969）的研究。在研究市场细分时，他首次建议用个性和顾客感知取代传统的人口变量作为市场细分的维度。在William之后，Mark I.Alpert（1972）研究了消费者个性对产品需求偏好的影响。他通过实证方法测量了个性的不同构成要素与不同产品特征需求偏好（attributes of products）的相关程度；Donald W.Hendon（1985）则更进一步，建议企业为了吸引消费者，需要从传统的4P（产品、定价、渠道、促销）向新的3P（personality个性、psychographic心理认知图、positioning定位）进行转变，不仅要了解自己的产品，更需要了解顾客的感知。Donald的建议进一步说明了个性和顾客感知在市场营销理论中的重要程度。

Sirgy（1982）通过对前人研究成果的回顾，归纳、整理出自我形象和品牌个性一致性同消费者购买决策之间的关系。他认为消费者的真实自我形象与产品品牌个性的一致性确实会对消费者的消费决策行为造成影响（例如产品偏好、购买意愿、产品的使用、产品的拥有与忠诚度等）；消费者之理想自我形象与产品品牌个性的一致性，也会对消费者的消费决策行为造成影响；至于有关消费者社会自我形象与产品品牌个性之一致性，会对消费者的消费决策行为造成影响，则只有少数研究成果支持此论点。

Sirgy的研究是目前见到的最早探讨消费者自我形象与品牌个性一致性对消费者行为产生影响的研究成果，该成果探讨了消费者自我形象和品牌个性的关联性，甚至还探讨了该关联性对消费者购买决策的影响，但对消费者人格和顾客感知价值方面的内容则没有提及。

上述研究开启了个性和顾客感知价值研究的时代，在一定程度上为后来的研究者开展个性与顾客感知价值关系研究奠定了基础。但上述研究都没有涉及品牌个性和消费者个性同顾客感知价值的关系。直到20世纪80年代末，Zeithaml在研究顾客感知价值时，指出感知价值是主观的，随顾客的不同而不同，首次提到个性与感知价值之间存在联系。Zeithaml的研究非常经典，成为后来顾客感知价值概念形成的基础。也是自Zeithaml以后，顾客感知价值的研究才开始发展起来，逐渐成为市场营销理论研究的热点。

Ravald（1996）在研究感知价值的驱动因素时提出，不同顾客具有不同的价值观念、需求、偏好，而这些显然影响着顾客的感知价值。Ravald的研究一改传统的从质量和价格两个外部维度来研究顾客感知价值的方法，开始从消费者的角度出发，研究个体的个性、价值观、偏好对感知价值的影响。

类似Ravald从个体内部着手对顾客感知价值的研究，Vantrappen（1992）认为不仅不同顾客在同一时间感知价值不一样，就算同一顾客在不同时间感知价值也不一样，每个顾客的感知价值只反映了他的一个感知瞬间。为此，Vantrappen建议在研究顾客感知价值时，真正有意义的是顾客对一个产品或服务的整体感知，因为"顾客对产品和服务的局部感知或者瞬时感知是很难捕捉的，也是没有意义的"（Vantrappen，1992）。

真正从个性概念出发研究顾客感知价值的是Leslie。

Leslie（1992）在研究顾客对交易结果感知时发现，消费者的个性不仅影响交易结果，更影响其对该结果的感知。为此，Leslie认为，在交易时需要对顾客个性有个很好的把握，这样才能达到"销售满意"和"顾客满意"。

Leslie的研究虽然是单独研究个性对顾客感知价值的影响，但只停留在表层探讨不同个性顾客对交易及结果的态度问题，对不同个性顾客之所以会存在这种态度的原因则没有进行深入的探讨。

此外，很多学者对品牌形象与顾客感知价值的关系也作了一些研究和探讨。艾克（1995）提出，品牌形象是顾客感知价值的一个重要影响因素，顾客感知价值是衡量品牌形象的重要指标；格罗斯（2000）认为，企业在与消费者互动过程中会建立营销目标，这种目标就是为双方共同创造的可感知价值；科特勒（2001）提出，品牌形象可以提高顾客所得到的"让渡价值"，这也是消费者选择品牌产品的一个重要原因；巴里（2000）提出，品牌权益是一个至关重要的顾客感知价值驱动因素，对消费者而言，品牌名称和品牌标识能够辅助消费者简化购买过程。

相比于国外，国内在个性对顾客感知价值影响方面的研究开展较晚，很多研究模型都是借鉴国外成果，在相关研究上只是侧重于相关理论传播以及相关理论在国内的适用性等方面，关于个性与顾客感知价值关系的理论研究明显不足，虽然有学者提出个性和顾客感知价值在市场营销中占据重要地位，也有学者在研究顾客感知价值时提及个性的作用，但关于二者关系的理论研究尤其是实证研究一直没能得以进行。

借鉴国外顾客感知价值理论模型，国内学者（白长虹，2001；杨龙、王永贵，2002；陈颖，2003）在其研究的改进模型中提及将个性特征作为顾客感知价值除质量和价格以外的第三个驱动因素。尽管通过添加个性这个变量，使得国内学者开发的顾客感知价值模型显得完整一些，但这些改进模型基本处于理论推导和理论假设阶段，其科学性还需要实证，尤其是通过实践予以检验；此外，董大海（2003）指出品牌形象不只是顾客价值产生的内部因素，还可以引起顾客价值的增加或减少，即良好的品牌形象可以提高顾客的价值感知，而不良的品牌形象却可以降低顾客的感知价值。

第六节 本章小结

自20世纪60年代提出品牌个性理论以来，对品牌个性的研究无论在理论或实践上都取得了实质性的进展。

品牌本身是一个没有生命的客体，品牌个性是企业赋予产品或服务之上的、直接或间接地向消费者展示产品或服务独特品质的一种信号，它使一个本没有生命的产品或服务人性化，目的是在一个品牌产品与其他品牌产品之间建立差异，从而与典型消费者建立更加紧密的情感联结。

品牌个性维度研究主要包括品牌个性基础理论——人格个性和"大五"模型、早期品牌个性维度模型、品牌个性的"新大五模型"、中国的品牌个性维度及量表。其中中国的品牌个性维度及量表首次提出了可供中国市场营销研究者普遍使用的品牌个性维度理论，是名副其实的品牌个性维度的本土化研究。

人格是个体在行为上的内部倾向性，它表现为个体适应环境时在能力、情绪、需要、动机、兴趣、态度、价值观、气质、性格和体质等方面的整合，是具有动力一致性和连续性的自我，是个体在社会化过程中形成的给人以特色的心身组织（黄希庭，2002）。

人格理论主要包括弗洛伊德的人格理论、卡特尔的人格特质理论、马斯洛的需要层次理论、艾森克的人格理论、人格特质新型理论——"大五"模型（big five model）、"大七"人格理论和中国人人格特质"大七"因素模型。其中，"大五"模型是国际权威的测量人格特质的通用模型，而中国人人格特质"大七"因素模型则是带有典型中国人文特征的、适用于中国人人格特质测量的模型。

关于品牌个性和消费者人格交互影响的研究成果，美国心理学家罗杰斯（C.R Rogers）把自我分为现实自我和理想自我两个部分。现实自我和理想自我之间会存在一定的差异，二者的和谐一致决定了个体人格一致性；Sirgy（1982）整理出了自我形象与品牌个性的一致性同消费者购买决策间的关系；Aaker（1997）研究发现品牌个性"大五"模型中的真挚、刺激和胜任与Tepus和Christal（1961）提出的人格"大五"模型中的和悦性、外向性和谨慎性这三个维度具有对应关系；Lin（2010）一直支持"一致性说法"，其研究表明，消费者更喜欢能紧密匹配自己个性的品牌。但后来很多研究者都认为Lin没有界定好现实自我与理想自我的差异性；Sirgy（1982）认为消费者往往选择和使用与自己实际的自我概念相一致的品牌个性的产品，但在某些情况下可能会根据消费者的理想自我概念（自己怎样看自己）或者他人自我概念（他人怎样看自己）而不是客观展示出来的实际的自我形象来选择品牌产品。在这里，所有的研究者基本上都认可品牌个性与消费者人格一致性的存在，但又把消费者人格划分为现实自我和理性自我两类人格，把品牌个性分别放在两类人格中进行测量，就会得出截然不同的测量结果。

庞隽（2003）研究得出了具有鲜明个性特征的典型消费者会选择符合其个性特征或者更能凸显其个性特征的品牌产品，而这些品牌产品的个性特征与典型消费者的人格特征相一致的结论；周世玉、陈麒文、张为诗（2005）总结了人格特质分群和运动鞋分群之间的关系；朱正浩、刘丁已、章翰（2008）通过对回归分析的结果研究发现，汽车的品牌个性与消费者真实自我形象和理想自我形象的一致性程度愈高，消费者的购买意愿也愈高。

国内外营销界对"顾客感知价值"概念的表述存在着多种方式。

德鲁克（1954）指出，顾客购买和消费的绝不是产品，而是价值；波特（1984）指出顾客价值是顾客对商品的主观评价，反映了顾客的意愿。

纵观过去20年西方学者对于顾客感知价值定义的研究，让学界普遍可以接受的是"三结构"说，即以Zeithaml为代表的"权衡说"、以Sweeney和Soutar为代表的"多因素说"和以Woodruff为代表的"综合评价说"。

综合学者们对顾客感知价值的定义，本研究给顾客感知价值下的定义为：

顾客感知价值是指典型消费者对特定品牌产品进行消费体验时的一种感知和主观判断，是顾客在产品消费前对产品内涵的认知（期望值）同产品消费后对实际产品的感知（实际感受值）之间的内心感受和权衡，是测量顾客满意程度的最直接的量化统计指标。

综合文献观点，顾客感知价值的驱动因素大致包括客观因素（产品或服务的质量、价格）、主观因素（顾客感知价值、需求、个人偏好等）和情境因素三大类。

目前比较成熟的顾客感知价值模型主要有二维度模型、三维度模型、四维度模型、五维度模型和六维度模型。其中，菲利普·科特勒的顾客感知价值（customer delivered value）二维度模型是顾客感知价值测量中最重要的模型之一，奠定了顾客感知价值维度主流地位的基础。

自我概念与品牌个性的一致性理论简称为自我概念一致性理论,它是指消费者在消费过程中,产品的使用者形象与消费者的自我概念之间交互作用使消费者产生的一种主观感觉(Sirgy,1997)。

国内外学者对于自我概念与品牌个性一致性理论的研究主要涉及自我概念一致性与购买意愿、购买行为、品牌偏好、品牌忠诚等关系的研究,认为个性鲜明的品牌会使典型消费者产生联想,如果品牌产品与自我形象高度相关则会明显提高顾客感知价值和顾客忠诚度。这些成果促进了个性和顾客感知价值研究,但它们都没有进一步探讨消费者个性与顾客感知价值的关系。直到20世纪80年代末,Zeithaml在研究顾客感知价值时提到"感知价值是主观的,随顾客的不同而不同",首次提出了顾客个性与顾客感知价值之间存在关联。

Ravald(1996)在研究感知价值的驱动因素时提出不同顾客具有不同的价值观念、需求和偏好,这些显然影响着顾客的感知价值。Ravald的研究改变了从质量和价格两个外部维度来研究顾客感知价值的传统切入点,开始从消费者内心的角度研究个体的个性、价值观、偏好对感知价值的作用和影响。

真正从顾客个性这个角度出发研究顾客感知价值的是Leslie。Leslie(1992)在研究顾客对交易结果的感知时,发现顾客的个性不仅影响交易结果,更影响其对该结果的感知。Leslie认为,在交易时要把握好顾客个性,才能达到"销售满意"和"顾客满意"。

国内对顾客感知价值的研究开展较晚,很多研究模型都是借鉴国外成果,在相关研究上大多侧重于理论传播以及相关理论在国内的适用性等方面,关于个性与顾客感知价值关系的理论研究明显不足,虽然有学者提出个性和顾客感知价值在市场营销中占据重要地位,也有学者在研究顾客感知价值时提及个性的作用,但关于二者关系的理论研究尤其是实证研究一直没有得以进行。

目前能够检索到的国内关于品牌个性对顾客感知价值的影响研究是上海

财经大学刘兵的硕士论文《品牌个性对感知价值的影响——兼国内外品牌对应分析》（2007），该研究以Aaker品牌个性和Sweeney&Soutar感知价值模型为基础，构建并验证了品牌个性维度对感知价值维度产生影响的模型。研究中把自我概念作为中间调节变量引入对感知价值的影响，并以李宁品牌和耐克品牌为例探讨了国内品牌与国外品牌之间的个性差异以及消费者在国内外品牌上存在的感知价值差异。研究结果显示，虽然品牌个性维度与感知价值维度间存在相关关系，但并非所有的品牌个性维度都会影响所有的感知价值维度；引入自我概念作为调节变量确实会影响品牌个性与感知价值的关系。感知价值对购买倾向的回归结果显示，感知价值中所有四个子维度（情感价值、社会价值、质量价值和价格价值）都对购买倾向有影响，其中情感价值对购买倾向的影响最大。

纵观研究者们对消费者人格、品牌个性方面的研究，无论是在定义、内涵还是结构维度、测评模型以及二者一致性研究上都基本达成了共识，在对顾客感知价值的定义、内涵的认识上也趋于一致，对顾客感知价值测量维度理论研究也趋于成熟，唯独对顾客感知价值驱动因素的研究大致停留在客观因素（产品或服务的质量、价格）、主观因素（顾客感知价值、需求、个人偏好等）和情境因素三大类因素的划分上，具体维度和层次还处于不断探讨与争论当中，使驱动因素范围的界定成为顾客感知价值研究的热点和难点。

本研究通过文献梳理发现，目前已有的关于自我概念一致性与顾客感知价值的研究成果大多倾向于消费者个性、消费者人格、品牌形象、品牌个性等单个要素对顾客感知价值的影响研究，或者是自我概念一致性对购前行为（品牌偏好、购买意愿）和购后行为（顾客满意、顾客忠诚）的关系研究，其中有一项成果是从消费者的五类性格特质——神经质、外向性、经验开放性、宜人性、严谨性与顾客感知价值维度的感知服务质量、感知价格两个子维度进行的因子分析实证研究（袁宏福，2008）；还有一项成果是以Aaker品牌个性模型和Sweeney&Soutar感知价值模型（包括情感价值、社会价值、质量价值和价格价值四个子维度）为基础，引入自我概念作为中间调节变

量，构建并验证了品牌个性维度对感知价值维度产生影响的模型（刘兵，
2007）。

　　本研究希望能够在对上述研究成果进行述评的过程中，总结出上述研究
中大家普遍认可的具有规律性的研究结论，规避上述研究中的不足之处，重
点研究品牌个性尤其是品牌个性通过自我概念一致性对顾客感知价值产生影
响的机理，并提出相应的对策。

第三章　研究方法

第一节　研究结构

一、研究流程

本研究为实证研究。

实证研究（empirical research）是基于观察和试验取得的足量事实、数据，运用统计推断理论和技术，经过严格的经验检验，利用数量模型对社会现象进行数量分析的一种方法，其目的在于揭示各种社会现象之间的本质联系。

实证研究方法主要是进行定量分析，依据数据和统计分析的结果得出结论，其对社会问题的研究比较精准、科学，是现代社会学尤其是管理科学研究中普遍使用的研究方法。

实证研究的基本流程是：确定研究选题—进行理论推导—提出研究假设—数据采集整理—实证研究设计—实证检验分析—提出研究结论。

借鉴一般社会科学研究论文实证研究方法的基本流程，结合本研究的实际情况，特设定本研究流程如图3-1所示：

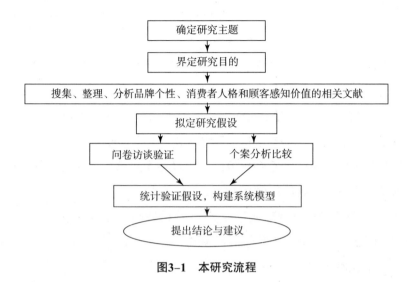

图3-1　本研究流程

资料来源：本研究整理。

二、研究结构及其说明

根据研究目的及假设，拟定研究结构如下：

（一）研究准备

通过资料查询、文献回顾和分析，确定研究主题和研究对象。

研究主题选定三个变量：品牌个性、消费者人格和顾客感知价值。其中，品牌个性是自变量，消费者人格是中间变量，顾客感知价值是因变量。首先是通过对现有文献的梳理，发现品牌个性与消费者人格具有相关性，即自我概念一致性，假设自我概念一致性成立，探讨品牌个性通过自我概念一致性对顾客感知价值的影响机理，然后通过实证研究得出结论，最后提出对策。

研究对象选择品牌手机产品，研究样本选择大学生消费者。之所以如此安排，主要是基于以下考虑：

（1）大学生群体相对比较集中，以大学生作为样本进行研究，便于样本的获取、分类以及问卷的发放和回收，确保调查的效率和质量。

（2）手机在大学生消费群体中人手一部，普及率高，测量样本能够直接接触测量对象并进行消费。

（3）手机产业竞争激烈，产品同质化严重，特别是在质量和价格竞争日渐趋同的情况下，消费者已经很难从外形上分辨出各种品牌手机的差别，因此，产品以外的因素如品牌、声誉等对消费者购买决策影响的权重增大，便于探查品牌产品对消费者行为的影响。

（4）手机行业的竞争已经从单纯的价格竞争、质量竞争、服务竞争的低级竞争阶段过渡到了提升手机品牌知名度和美誉度的高级竞争阶段。本研究中的品牌个性以及顾客感知价值测量维度在手机选购和使用过程中体现得比较明显，容易得到测量数据。

（5）手机作为大众普通耐用商品，在消费品领域具有很强的代表性，研究结论便于借鉴和推广到其他消费领域。

（二）理论基础

搜集和整理消费者人格、品牌个性和顾客感知价值理论的相关文献，并进行综述、研讨和评价，为后续开展研究奠定理论基础。

（三）研究重点

进行文献述评，界定品牌个性、消费者人格和顾客感知价值的内涵和维度；进行实证研究，探讨品牌个性维度与消费者人格维度一致性的相关因子，以及该一致性的相关因子与顾客感知价值维度的相关因子，构建品牌个性对顾客感知价值影响机理的假设模型并予以证明和修正；最后得出研究结论，并提出对策和下一步研究建议。

（四）研究设计

从资料查询和调查分析开始，以品牌个性和消费者人格构成维度的相关因子为原因变量，重点研究其与结果变量——顾客感知价值维度相关因子的影响机理，通过层次分析、因子分析、回归分析等研究方法得出最后结论。

（五）结论应用

应用品牌个性和消费者人格一致性理论来指导和完善企业的品牌培育系统，通过培育具有鲜明消费者人格特征的品牌个性，提升顾客感知价值和顾客满意度，进而提高营销绩效。

整理后的研究结构如图3-2所示。

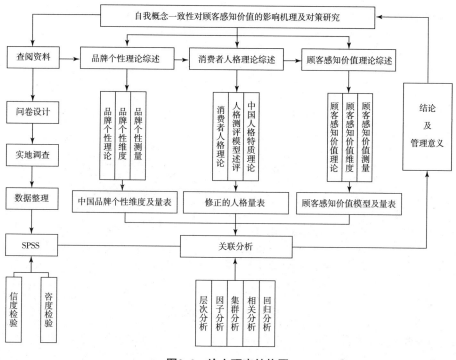

图3-2　论文研究结构图

资料来源：本研究整理

第二节　研究假设与研究方法

一、研究路径

研究路径包括研究的整体思路、研究的角度和过程。

本研究拟以在校大学生群体为样本，以大学生使用的品牌手机产品为对象，首先进行品牌个性维度（包括"仁""智""勇""乐""雅"五个因素）和消费者人格维度（包括"活跃""爽直""坚韧""严谨""利他""重情""随和"七个因素）的相关分析，然后再采取系统建构方法，探讨品牌个性维度和消费者人格维度相关因子对顾客感知价值维度相关因子

（包含产品价值、服务价值、员工价值和形象价值四个因素）的影响，探求品牌个性对顾客感知价值的影响机理，并以此作为进行品牌建设的参考。

研究路径如图3-3所示：

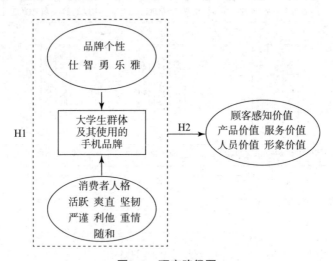

图3-3　研究路径图

资料来源：本研究整理

二、研究假设

（一）本研究假设的前提

（1）消费者理性——消费者总是追求自身效用最大化。在本研究中，消费者效用包括功能性效用和象征性效用：功能性效用着眼于产品的使用价值，主要满足消费者的实用性需求；象征性效用着眼于产品的情感价值，主要满足消费者展现自我形象、凸显自身个性的情感性需求。理性的消费者总是寻找总效用的最大化，并在两个效用之间寻找平衡。不同个性的消费者对这两方面效用的重视程度不同，选择高价的品牌产品，并不代表消费者不够理性，而是对效用的需求不同。

（2）信息不对称——生产者永远比消费者拥有更多的关于产品功能、质量、成本等交易信息，而消费者很难或须付出高额成本才能获得这些信息。产品品牌能够向消费者传递清晰而稳定的产品信息，减少消费者的信息搜寻成本，使消费者具有品牌意识，使其对品牌产品产生明显的偏好。

（3）品牌选择自由——社会产品极大丰富，同一品牌产品也存在着多种品类。消费者可以通过货币选票在不同品牌之间自由选择自己喜欢的品牌产品。

（二）假设树

根据本研究选题、文献述评和研究路径，特建立本研究假设树（如图3-4所示），以明确本研究各项假设的提出理由和相互关联。

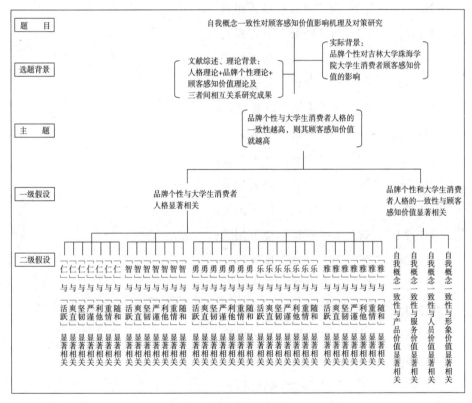

图3-4 本研究假设树

资料来源：本研究整理

（三）研究假设

从本研究文献述评和假设树得知，品牌个性是品牌的人格化，与消费者人格密切相关，本研究欲证实二者的相关性，故首先提出第一个一级研究假设H1。

H1：品牌个性与大学生消费者人格显著相关。

在本研究文献述评中，中国的品牌个性维度包含"仁""智""勇""乐""雅"五个因子，而大学生消费者人格维度包含"活跃""爽直""坚韧""严谨""利他""重情""随和"七个因子。故从H1假设中派生出二级研究假设H1-1a～H1-5g，依次为：

H1-1a："仁"与"活跃"显著相关；

H1-1b："仁"与"爽直"显著相关；

H1-1c："仁"与"坚韧"显著相关；

H1-1d："仁"与"严谨"显著相关；

H1-1e："仁"与"利他"显著相关；

H1-1f："仁"与"重情"显著相关；

H1-1g："仁"与"随和"显著相关；

H1-2a："智"与"活跃"显著相关；

H1-2b："智"与"爽直"显著相关；

H1-2c："智"与"坚韧"显著相关；

H1-2d："智"与"严谨"显著相关；

H1-2e："智"与"利他"显著相关；

H1-2f："智"与"重情"显著相关；

H1-2g："智"与"随和"显著相关；

H1-3a："勇"与"活跃"显著相关；

H1-3b："勇"与"爽直"显著相关；

H1-3c："勇"与"坚韧"显著相关；

H1-3d："勇"与"严谨"显著相关；

H1-3e："勇"与"利他"显著相关；

H1-3f："勇"与"重情"显著相关；

H1-3g："勇"与"随和"显著相关；

H1-4a："乐"与"活跃"显著相关；

H1-4b："乐"与"爽直"显著相关；

H1-4c："乐"与"坚韧"显著相关；

H1-4d："乐"与"严谨"显著相关；

H1-4e："乐"与"利他"显著相关；

H1-4f："乐"与"重情"显著相关；

H1-4g："乐"与"随和"显著相关；

H1-5a："雅"与"活跃"显著相关；

H1-5b："雅"与"爽直"显著相关；

H1-5c："雅"与"坚韧"显著相关；

H1-5d："雅"与"严谨"显著相关；

H1-5e："雅"与"利他"显著相关；

H1-5f："雅"与"重情"显著相关；

H1-5g："雅"与"随和"显著相关。

品牌个性是品牌形象的人格化。随着品牌个性与消费者人格的显著相关，该品牌产品的品牌个性带给消费者的顾客感知价值也会发生显著变化。故提出第二个一级假设H2。

H2：自我概念一致性与顾客感知价值显著相关。

从本研究文献述评中得知，顾客感知价值包含产品价值、服务价值、人员价值和形象价值等四个因子。故从第二个一级假设H2中派生出二级假设H2-1～H2-4。依次为：

H2-1：自我概念一致性与产品价值显著相关；

H2-2：自我概念一致性与服务价值显著相关；

H2-3：自我概念一致性与人员价值显著相关；

H2-4：自我概念一致性与形象价值显著相关。

三、研究维度、变量、操作性定义及度量方法

（一）研究维度、变量及其操作性定义

首先着手设计问卷题目。

根据文献述评和前面的假设命题，本研究设计出了调查问卷征求意见稿（见附录1）。

调查问卷征求意见稿的内容共分为四个部分。

第一部分为样本的基本资料调查题。请样本封闭式回答自己的基本情况，包括性别、每月可以支配的资金、最喜欢的手机品牌、现在使用的手机品牌和购买手机的资金来源等5个问题。

第二部分为品牌个性调查题。请样本根据直觉印象，在45个品牌个性形容词中直接选出符合自己现在使用的手机品牌个性特征的词汇。

第三部分为大学生消费者人格特征调查题。请样本根据本研究在《中国大学生消费者人格量表》基础上设计的7组语意差别量表进行自我个性评估。

第四部分是顾客感知价值调查题。请样本根据本研究依据科特勒顾客让渡价值模型中划分的顾客感知价值的四个维度而设计的27个封闭问题在Likert五点尺度量表上进行选择、填答。

调查问卷征求意见稿分别发给国内在该领域比较知名的9名专家教授（见附录8.征求意见专家名单）征求意见。其中有8名专家及时反馈了意见。

专家反馈的意见归纳起来主要为：

第一部分的基本资料除了"你最喜欢的手机品牌"和"你现在使用的手机品牌"两个题项，其他题项对本研究无明确意义；

第二部分让样本直接挑选符合自己现在使用的手机品牌个性特征的词汇可行，但测量词汇多达45个，样本填答时会产生厌烦情绪而导致填答的随意性，使测量数据产生偏差，建议精简；

第三部分人格测量部分让样本在7组语意差别量表上进行自我评估可行；

第四部分问题同第二部分，让样本一次回答27个问题数量太多，且度量起来烦琐重复，建议精简。

根据专家意见，本研究对问卷进行了梳理和重新设计。

1.样本变量的定义及测量

首先根据正式调查内容进行了前期问卷试测，为下一步设计正式问卷提供数据，扫除问卷测量中的障碍。

前期测量比较简单，调查问卷定名为《大学生使用手机品牌情况前期调查问卷》（见附录2）。

问卷分为两个部分。第一部分是对样本变量进行定义与测量。

首先要求学生在符合自己情况的选项上面划"√"。

此部分包括两方面内容：

一方面内容是"您现在使用的手机品牌：1.华为；2.三星；3.苹果；4.vivo；5.oppo；6.小米；7.其他（请注明）＿＿＿＿"。

另一方面内容是"您最喜欢的手机品牌：1.华为；2.三星；3.苹果；4.vivo；5.oppo；6.小米；7.其他（请注明）＿＿＿＿"。

这部分的主要目的是要选出正式问卷时所指向的具体品牌产品。

样本选择了吉林大学珠海学院工商管理系大学三年级三个教学班课间休息时在座的学生。

测量时共发出问卷96份，收回96份，有效问卷96份。

根据统计结果，"您现在使用的手机品牌"基本集中在苹果、华为、小米、oppo、vivo、三星6个品牌上，占全部样本量的98%。

统计结果如表3-1所示。

表3-1 大学生"现在使用的手机品牌"问卷结果

排序	手机品牌	数量	占全体比例
1	苹果	44	45%
2	华为	15	15%
3	小米	13	13%
4	oppo	10	10%
5	vivo	9	9%
6	三星	7	6%
7	其他（魅族）	2	2%

资料来源：本研究整理

"您最喜欢的的手机品牌"结果同样集中在苹果、华为、小米、oppo、vivo、三星等6个品牌上。其中，苹果品牌在"您最喜欢的手机品牌"中表现突出，是唯一表现为较"您现在使用的手机品牌"呈增加趋势的手机品牌，比"现在使用的手机品牌"中的数值增加了11%，而华为、小米、oppo、vivo、三星则明显比"现在使用的手机品牌"中的数值比率下降了5%左右，预示了样本今后对品牌手机产品的消费趋势。

另外，在全部96个样本中，有43个"喜欢的"就是"现在使用的"，约占全部样本的45%；53个"喜欢的"和"现在使用的"手机品牌不同，这里不排除先喜欢"现在使用的"，使用后又产生了"更加喜欢的"。

测量结果如表3-2。

表3-2　大学生"最喜欢的手机品牌"问卷结果

排序	手机品牌	数量	占全体比例
1	苹果	66	66%
2	华为	10	10%
3	小米	9	9%
4	oppo	5	5%
5	vivo	5	5%
6	三星	4	4%
7	其他（魅族）	1	1%

资料来源：本研究整理

为了便于对样本的测量，使测量结果更为集中，经过征求专家意见环节，最后决定选取前5个手机品牌进入下一步的测量。

由于本研究是要探讨品牌个性与消费者人格相关性对顾客感知价值的影响，而顾客感知价值是顾客对产品的认知（期望值）和感知（实际感受值）之间差异的描述，是顾客购买以后的心理感知行为，因此，本研究认为以大学生消费者对"最喜欢的手机品牌"手机进行测量，只能测量大学生消费者对品牌手机的预期价值，测量不到大学生消费者购买品牌手机以后的感知价值。因此，本研究参考"最喜欢的手机品牌"的测量结果，把"现在使用的手机品牌"测量中的前5名作为测量对象，使用封闭式问题回答方法，形成本研究调查问卷的第一部分（第1题）投入测量。即：

第一部分　请在符合您实际情况的手机品牌上面划"√"

题号	问题及答案参考数字
1	您现在使用的手机品牌是 1.苹果；2.华为；3.小米；4.oppo；5.vivo；6._____。

资料来源：本研究整理

2.品牌个性变量的定义与测量方法

品牌个性变量的测量安排在《大学生使用手机品牌情况前期调查问卷》（见附录2）的第二部分进行。

根据对文献的述评，本研究给品牌个性归纳的定义为：

品牌个性是在与消费者接触的基础上形成的品牌特定使用者人格化、个性化特性的集合与提炼，是在人为定位基础上创造出来的向外展示品牌的独特质量和与典型消费者建立有效情感连结的信号。

品牌个性维度调查问卷题项设计采用中国学者黄胜兵、卢泰宏的《中国品牌个性维度和量表》，分为"仁""智""勇""乐""雅"五个部分。

"仁"主要包括平和的、环保的、和谐的、仁慈的、家庭的、温馨的、经济的、正直的、有义气的、忠诚的、务实的、勤奋的等28个词汇；

"智"主要包括的专业的、权威的、可信赖的、专家的、领导者、沉稳的、成熟的，负责任的、严谨的、创新的，有文化的等14个个性词汇；

"勇"包括勇敢的、威严的、果断的、动感的、奔放的、强壮的、新颖的、粗犷的等8个个性词汇；

"乐"包括欢乐的、吉祥的、乐观的、自信的、积极的、酷的、时尚的等8个个性词汇；

"雅"包括高雅的、浪漫的、有品位的、体面的、气派的、有魅力的、美丽的等8个品牌个性词汇。

五个部分总共包含66个比较抽象的专业测量词汇。

这些专业词汇最初被完全安排在量表和问卷中（见附录1），如果全部在问卷中体现出来，会导致填答费时费力，也会降低样本的填答意愿，使本次测量失去准确性。

为了保证调查问卷取得数据的准确性，扫清研究中的不确定因素，在先期进行的《大学生使用手机品牌情况前期调查问卷》（见附录2）的第二部分中，设计了由样本在上述五个部分45个词汇中适量选取最能够代表该部分特征的前3个词汇，来构成本研究专用的个性维度量表。在问卷中提出的题项是："请您将您使用的手机品牌设想成为一个人，根据您对于这个手机品牌的印象，在下列45个描述词汇中选出您最有感觉的个性特征描述并划上'√'，挑选个数不限。"备选描述词汇见表3-3。

表3-3 大学生"现在使用的手机品牌"个性备选描述词汇表

"仁"维度	"智"维度	"勇"维度	"乐"维度	"雅"维度
1平和的	13专业的	24勇敢的	32欢乐的	39高雅的
2环保的	14权威的	25威严的	33吉祥的	40浪漫的
3和谐的	15可信赖的	26果断的	34乐观的	41有品位的
4仁慈的	16专家的	27动感的	35自信的	42体面的
5家庭的	17领导者	28奔放的	36积极的	43气派的
6温馨的	18沉稳的	29强壮的	37酷的	44有魅力的
7经济的	19成熟的	30新颖的	38时尚的	45美丽的
8正直的	20负责任的	31粗犷的		
9有义气的	21严谨的			
10忠诚的	22创新的			
11务实的	23有文化的			
12勤奋的				

资料来源：本研究整理

本次测量与前述"样本变量定义与测量方法"同一问卷。同时在吉林大学珠海学院工商管理系大学三年级的三个班级课间休息时间在座学生中进行测量。测量时共发出问卷96张，收回96张，均为有效问卷。挑选出的词汇及选择该词汇的人数如表3-4所示。

表3-4 大学生"现在使用的手机品牌"个性备选维度词汇测量结果

"仁"维度	人数	"智"维度	人数	"勇"维度	人数	"乐"维度	人数	"雅"维度	人数
1平和的	42	13专业的	58	24勇敢的	10	32欢乐的	27	39高雅的	46
2环保的	24	14权威的	25	25威严的	15	33吉祥的	17	40浪漫的	35
3和谐的	54	15可信赖的	64	26果断的	22	34乐观的	16	41有品位的	77
4仁慈的	9	16专家的	25	27动感的	53	35自信的	39	42体面的	81
5家庭的	13	17领导者	25	28奔放的	13	36积极的	55	43气派的	58
6温馨的	28	18沉稳的	30	29强壮的	21	37酷的	49	44有魅力的	37
7经济的	21	19成熟的	7	30新颖的	72	38时尚的	70	45美丽的	45
8正直的	28	20负责任的	7	31粗犷的	14				
9有义气的	14	21严谨的	6						
10忠诚的	17	22创新的	6						
11务实的	47	23有文化的	7						
12勤奋的	23								

资料来源：本研究整理

根据对以上问卷进行统计的结果，分别从"仁""智""勇""乐""雅"五组词汇中选取了每组排名统计最为靠前的3个个性特征词汇，总共15个个性特征词汇，作为本研究"品牌个性"维度的测量指标，其内容如表3-5所示。

表3-5 本研究"品牌个性"维度测量指标

个性因素	个性特征		
仁	平和的	和谐的	务实的
智	专业的	可信赖的	沉稳的
勇	果断的	动感的	新颖的
乐	积极的	酷的	时尚的
雅	有品位的	体面的	气派的

资料来源：本研究整理

本研究采用"仁""智""勇""乐""雅"五类词汇15个个性特征作为研究"品牌个性"维度的测量指标，对每个个性特征均设计出一个题项，作为本研究调查问卷中第二部分（"品牌个性"部分）的测量题项。其中"仁""智""勇""乐""雅"每部分各设计出3个题项，共计15个题项，问卷衡量采用李克特五点尺度量表，从完全不符合到完全符合给予1至5分的评量。量表中的分数越低表示对该题项的同意程度越低，反之，则同意程度越高。

该15个题项经重新打乱随机排列顺序后形成本研究问卷的第二部分（2~16题）。

第二部分 请根据您的直观感受，确定下列15个形容词同你现在使用的手机品牌特征的符合程度，并在所对应的数字上面划"√"。

题号	个性形容词	和你手机品牌的符合程度				
		非常不符合	不符合	一般	符合	非常符合
2	有品位的	1	2	3	4	5
3	和谐的	1	2	3	4	5
4	酷的	1	2	3	4	5
5	专业的	1	2	3	4	5
6	务实的	1	2	3	4	5
7	沉稳的	1	2	3	4	5
8	果断的	1	2	3	4	5
9	气派的	1	2	3	4	5
10	新颖的	1	2	3	4	5
11	积极的	1	2	3	4	5
12	动感的	1	2	3	4	5
13	时尚的	1	2	3	4	5
14	平和的	1	2	3	4	5
15	体面的	1	2	3	4	5
16	可信赖的	1	2	3	4	5

资料来源：本研究整理

3. 大学生消费者人格变量定义与测量方法

本研究综合了文献中的人格定义类型，采纳了黄希庭的人格定义，即"人格是个体在行为上的内部倾向，它表现为个体适应环境时在能力、情绪、需要、动机、兴趣、态度、价值观、气质、性格和体质等方面的整合，是具有动力一致性和连续性的自我，是个体在社会化过程中形成的给人以特色的心身组织"（黄希庭，2002）。

大学生消费者人格变量及测量在量表的选择上根据调查结果进行了几次调整和修正。

本部分题项最初采用中国心理学家王登峰的《中国大学生消费者人格量表》（CCSPS）进行设计。

王登峰认为，在文化和遗传方面，中国人与西方人存在着明显的差异，因此在人格结构上与西方人相比也存在差异。大学生群体因年龄、经历等原因，在具体人格特点上与成年人相比还存在着一些差异。他以中国人人格"大七"因素模型和中国人人格量表为基础，构建了中国大学生消费者人格量表。该量表根据每个人格因素所包含的项目内容，将大学生消费者人格划分为七个维度。根据该量表维度及要素特征，本研究人格维度量表如表3-6所示。

表3-6 大学生消费者人格维度量表

维度	反映内容	要素特征
活跃	个体合群和活跃的倾向	高分表明擅长与人相处，积极主动，温和自然； 低分表明害怕与人交往，消极被动，拘束木讷
爽直	个体人际交往中言辞直率、不擅控制情绪的倾向	高分表明心直口快，直截了当； 低分表明含蓄委婉、平和稳重
坚韧	个体坚定执着、努力进取的倾向	高分表明目标明确，坚定执着，踏实努力； 低分表明得过且过、不思进取和容易放弃
严谨	个体认真仔细、严谨自制的倾向	高分表明做事认真，守规和自我克制； 低分表明做事随意，放纵和别出心裁
利他	个体关注个人利益、势力自私的倾向	高分表明势力浮夸，自私虚假和不择手段； 低分表明诚信真实，随和友好和谦逊豁达

续表

维度	反映内容	要素特征
重情	个体为人处事注重感情或利益的倾向	高分表明注重情感联系，敏感投入； 低分表明坚持原则，注重理智
随和	个体机智敏捷、温和柔顺的倾向	高分表明机智灵活，诙谐乐观； 低分表明愚钝拖沓，刻板敏感

资料来源：本研究整理

根据以上七个维度及要素特征，设计出本研究问卷第三部分——大学生消费者人格问卷题项。七个维度每个维度1个题项，一共7个题项。该7个题项无需随机排列顺序，直接形成本研究问卷的第三部分（17～23题）。

本部分问卷衡量采用语意差别量表，按不同语义给予1至5分的评量。分数高低表示对该题项的同意程度高低。

第三部分大学生消费者人格调查题题项如下：

第三部分 请您根据下列各组具有相反语义倾向的形容词进行自我评估，选出符合您本人个性特征的数位填入答案栏内。这些数字的大小仅表明性格趋向，没有褒义和贬义之分，请如实作答。

题号	问题及答案参考数字	答案
17	你平常与人交往时的行为倾向一般表现为 被动拘谨　1　2　3　4　5　主动积极	
18	你平时与人交流时的表述方式经常是 含蓄委婉　1　2　3　4　5　心直口快	
19	为自己制定了明确的目标以后，你往往是 随缘调整　1　2　3　4　5　执着努力	
20	你为人处事的风格为 我行我素　1　2　3　4　5　谨言慎行	
21	当你的利益与别人利益出现冲突时，你一般表现为 先己后人　1　2　3　4　5　先人后己	
22	你与亲属、朋友、同学深入交往的惯常作风是 原则导向　1　2　3　4　5　情感导向	
23	在与人交往过程中你往往表现为 迟钝刻板　1　2　3　4　5　机敏随和	

资料来源：本研究整理

4. 顾客感知价值变量定义与测量方法

菲利浦·科特勒认为，顾客购买产品时所考虑的不仅仅是质量和价格，而是多种因素的综合考量，可用顾客让渡价值（customer delivered value）表示。顾客让渡价值是指顾客感知价值与顾客感知成本之差。顾客感知价值就是顾客从某一特定产品或服务中获得的一系列利益，它包括产品价值、服务价值、员工价值和形象价值。

本研究即从产品价值、服务价值、员工价值和形象价值四个变量对顾客感知价值维度进行定义和测量。

产品价值是指产品的质量、功能、规格、特色、款式等因素给顾客带来的价值。产品价值的基础是产品质量。

服务价值是伴随产品实体出售而向顾客提供的各种附加服务给顾客带来的价值。服务可分为售前、售中和售后服务。

员工价值指企业员工的经营思想、经营作风、业务能力、知识水平、工作效率与质量给顾客带来的价值。

形象价值指企业及其产品在社会公众中形成的总体形象给顾客带来的价值。企业形象由理念识别系统、行为识别系统和视听识别系统构成。

根据以上定义，设计出本研究调查问卷第四部分（详见附录1），其中"产品价值"题项共9道题，为1~9题；"服务价值"题项共3道题，为10~12题；"员工价值"题项共2题，为13~14题；"形象价值"题项共13道题，为15~27题。

问卷征求意见稿第四部分全部题项如下：

第四部分 顾客感知价值调查题

请根据您现在所使用的品牌手机的具体情况，选出符合您本人情况的数位填在后面答案的横线上。

一、您现在所使用的品牌手机的购买时间为

1.半年内；2.半年至一年；3.一年至两年；4.两年至三年；5.三年以上

答案：_____

二、您现在所使用的品牌手机出现故障的时间为

1.购买三月之内；2.购买半年之内；3.购买一年之内；4.购买二至三年；

5.从来没有故障

答案：＿＿＿＿＿＿＿

　　三、您现在所使用的品牌手机的维修次数为

　　1.四次以上；2.三次；3.两次；4.一次；5.从没维修过

答案：＿＿＿＿＿＿＿

　　四、和目前市场上其他同价位的手机相比，您对现在所使用的品牌手机的通话功能是否满意

　　1.很不满意；2.不满意；3.一般；4.满意；5.非常满意

答案：＿＿＿＿＿＿＿

　　五、和目前市场上其他同价位的手机相比，您对现在所使用的品牌手机的短信功能是否满意

　　1.很不满意；2.不满意；3.一般；4.满意；5.非常满意

答案：＿＿＿＿＿＿＿

　　六、和目前市场上其他同价位的手机相比，您对现在所使用的品牌手机的附加功能是否满意

　　1.很不满意；2.不满意；3.一般；4.满意；5.非常满意

答案：＿＿＿＿＿＿＿

　　七、和目前市场上其他同价位的手机相比，您对现在所使用的品牌手机的外形设计是否满意

　　1.很不满意；2.不满意；3.一般；4.满意；5.非常满意

答案：＿＿＿＿＿＿＿

　　八、和目前市场上其他同价位的手机相比，您对现在所使用的品牌手机的颜色是否满意

　　1.很不满意；2.不满意；3.一般；4.满意；5.非常满意

答案：＿＿＿＿＿＿＿

　　九、和目前市场上其他同价位的手机相比，您对现在所使用的品牌手机的款式是否满意

　　1.很不满意；2.不满意；3.没感觉；4.满意；5.非常满意

答案：＿＿＿＿＿＿＿

十、您对现在所使用的品牌手机的售前服务是否满意

1.很不满意；2.不满意；3.没感觉；4.满意；5.非常满意

答案：_____

十一、您对现在所使用的品牌手机销售时的服务是否满意

1.很不满意；2.不满意；3.没感觉；4.满意；5.非常满意

答案：_____

十二、您对现在所使用的品牌手机的售后服务是否满意

1.很不满意；2.不满意；3.没感觉；4.满意；5.非常满意

答案：_____

十三、您对现在所使用的品牌手机的服务员工的能力是否满意

1.很不满意；2.不满意；3.没感觉；4.满意；5.非常满意

答案：_____

十四、您对现在所使用的品牌手机的服务员工的效率是否满意

1.很不满意；2.不满意；3.没感觉；4.满意；5.非常满意

答案：_____

十五、您对现在所使用的品牌手机的企业文化是否认同

1.很不认同；2.不认同；3.没感觉；4.认同；5.非常认同

答案：_____

十六、您对现在所使用的品牌手机的产品开发能力是否满意

1.很不满意；2.不满意；3.没感觉；4.满意；5.非常满意

答案：_____

十七、您对现在所使用的品牌手机企业的整体管理水平是否满意

1.很不满意；2.不满意；3.没感觉；4.满意；5.非常满意

答案：_____

十八、您对现在所使用的品牌手机的价格是否满意

1.非常不满意；2.不满意；3.一般；4.满意；5.非常满意

答案：_____

十九、您对现在所使用的品牌手机的销售地点安排是否满意

1.非常不满意；2.不满意；3.一般；4.满意；5.非常满意

答案：_____

二十、您对现在所使用的品牌手机的销售方式是否满意

1.非常不满意；2.不满意；3.一般；4.满意；5.非常满意

答案：_____

二十一、您对现在所使用的品牌手机的公关方式是否满意

1.非常不满意；2.不满意；3.一般；4.满意；5.非常满意

答案：_____

二十二、您对现在所使用的品牌手机的商标设计是否满意

1.非常不满意；2.不满意；3.一般；4.满意；5.非常满意

答案：_____

二十三、您认为您现在所使用的品牌手机的品牌档次属于

1.非常低档；2.低档；3.中档；4.高档；5.非常高档

答案：_____

二十四、您对现在所使用的品牌手机的整体质量是否满意

1.很不满意；2.不满意；3.一般；4.满意；5.非常满意

答案：_____

二十五、您现在所使用的品牌手机的技术含量如何

1.非常低；2.低；3.一般；4.高；5.非常高

答案：_____

二十六、您现在所使用的品牌手机是否时尚

1.很不时尚；2.不时尚；3.一般；4.时尚；5.非常时尚

答案：_____

二十七、您现在所使用的品牌手机是否具有个性

1.很没有个性；2.没个性；3.一般；4.有个性；5.非常有个性

答案：_____

把上述全部题项作为调查问卷征求意见稿的第四部分交予专家征求意见。8名专家反馈及时，意见比较统一：该问卷部分存在问题同第二部分，要求样本就四个变量回答27个问题显然过多，而且这27个问题度量起来较为烦琐、重复，建议重新归纳和精简。

根据专家意见，本研究对第四部分顾客感知价值问卷进行了重新设计和大幅精简。重新设计的该部分问卷针对四个变量设计了10个问题。其中"产品价值"题项共3道题，为24～26题；"服务价值"题项共3道题，为27～29题；"员工价值"题项共1题，为30题；"形象价值"题项共3道题，为31～33题。

本部分问卷衡量仍采用李克特五点尺度量表，从非常不同意到非常同意给予1至5分的评量。量表中的分数越低表示对该题项的同意程度越低，反之，则同意程度越高。

修改后的问卷第四部分结果如下：

第四部分　根据您目前所使用的品牌手机情况，选出适合您本人情况的数位填在后面答案的空格内。

题号	问题及答案参考数字	答案
24	这个手机是所有手机中质量最好的 1.非常不同意；2.不同意；3.一般；4.同意；5.非常同意	
25	这个手机在所有手机中是功能最全面的 1.非常不同意；2.不同意；3.一般；4.同意；5.非常同意	
26	这个手机是所有手机中外观最时尚的 1.非常不同意；2.不同意；3.一般；4.同意；5.非常同意	
27	这个手机的售前宣传非常到位 1.非常不同意；2.不同意；3.一般；4.同意；5.非常同意	
28	这个手机销售时的介绍非常全面 1.非常不同意；2.不同意；3.一般；4.同意；5.非常同意	
29	这个手机的售后服务非常周到 1.非常不同意；2.不同意；3.一般；4.同意；5.非常同意	
30	这个手机的销售人员训练有素 1.非常不同意；2.不同意；3.一般；4.同意；5.非常同意	

续表

题号	问题及答案参考数字	答案
31	这个手机的生产企业是世界一流的 1.非常不同意；2.不同意；3.一般；4.同意；5.非常同意	
32	这个手机的品牌在所有手机中是档次最高的 1.非常不同意；2.不同意；3.一般；4.同意；5.非常同意	
33	这个品牌的手机是所有手机品牌中最适合我的 1.非常不同意；2.不同意；3.一般；4.同意；5.非常同意	

资料来源：本研究整理

综上所述，本研究全部维度、研究变量、操作性定义、测量要素、题项和测量方法经归纳后如表3-7所示：

表3-7 研究维度、变量及其操作性定义和测量方法

维度	研究变量	操作性定义	测量要素	问卷题项	测量方法	文献来源
样本	现在使用的手机品牌	赋予操作性变量的样本	苹果；华为；小米；oppo；vivo	第一部分 1题	封闭式回答	自行整理
品牌个性	仁	人们所具有的优良品行和高洁品质，表示"爱人"及"爱物"之意	平和的 和谐的 务实的	第二部分 2~4题	李克特5等级量表	卢泰宏中国品牌个性维度量表
	智	属于古汉语中"才"和"术"的范畴	专业的 可信赖的 沉稳的	第二部分 5~7题		
	勇	具有"不惧""不怕"的个性特征	果断的 动感的 新颖的	第二部分 8~10题		
	乐	形容高兴、乐观、自信、时尚的外在形象特征	积极的 酷的 时尚的	第二部分 11~13题		
	雅	与传统文化中的"雅"相联系	有品位的 体面的 气派的	第二部分 14~16题		

维度	研究变量	操作性定义	测量要素	问卷题项	测量方法	文献来源
大学生消费者人格	活跃	主要反映个体合群和活跃的倾向。表现外向程度的内容	高分表明擅长与人相处，积极主动，温和自然；低分表明与人交往中紧张、拘束，不善言辞，甚至被动退缩	第三部分17题	语意差别量表	王登峰中国大学生人格量表
	爽直	主要反映个体人际交往中言辞直率、不擅控制自己情绪的倾向。表现情绪外显的内容	高分表明心直口快，直截了当；低分表明含蓄委婉、平和稳重	第三部分18题		
	坚韧	主要反映个体坚定执着、努力进取的倾向。表现处世态度及才干的内容	高分表明目标明确，坚定执着和踏实努力；低分表明得过且过、不思进取和容易放弃	第三部分19题		
	严谨	主要反映个体认真仔细、严谨自制的倾向。表现行事风格的内容	高分表明做事认真、遵守规矩和自我克制；低分表明放纵随意、别出心裁	第三部分20题		
	利他	主要反映个体关注他人利益、诚信豁达的倾向。表现善良程度的内容	高分表明诚信、随和友好和谦逊豁达；低分表明势力浮夸、自私虚假和不择手段。	第三部分21题		
	重情	主要反映个体为人处事注重感情或利益的倾向。表现理性的内容	高分表明注重情感联系，敏感投入；低分表明注重理智，坚持原则	第三部分22题		
	随和	主要反映个体机智敏捷、温和柔顺的倾向。表现人际关系的内容	高分表明机智灵活，诙谐乐观；低分愚钝拖沓，刻板个性	第三部分23题		

续表

维度	研究变量	操作性定义	测量要素	问卷题项	测量方法	文献来源
顾客感知价值	产品价值	产品的质量、功能、外观（规格、特色、款式）等因素所产生的价值	质量价值：发生故障或维修的频率及严重程度；性能价值：产品的属性和功能价值，如附加性能多少；外观价值：外观设计、包装和颜色等的价值，包括产品特色、产品款式等	第四部分24—26题	李克特5等级量表	科特勒顾客让渡价值模型
	服务价值	伴随产品实体出售而向顾客提供的各种附加服务所产生的价值。分为售前、售中和售后服务	售前服务：调查顾客需要，设计产品，提供咨询；售中服务：包括产品展示、说明使用方法、帮助挑选商品、包装商品等；售后服务：包括送货、安装、调试、维修、技术培训和各种保证等	第四部分27—29题		
	人员价值	企业员工的经营思想、经营作风、业务能力、知识水平、工作效率与质量所产生的价值	经营思想；经营作风；业务能力；知识水平；工作效率与质量	第四部分30题		
	形象价值	企业及其产品在社会公众中形成的总体形象所产生的价值	企业形象：由理念识别系统、行为识别系统和视听识别系统构成；产品形象：产品在公众心目中的位置或特色	第四部分31—33题		

资料来源：本研究整理

（二）测量方法

本研究拟在进行相关系数分析后，采取先定性、后定量的二次量化方法进行模糊综合评价，最后获得研究结论。

1.样本与样本量的确定

本次调查的样本选取了吉林大学珠海学院大学三年级几个教学班的全体

学生。

之所以选择大学三年级学生，是因为考虑到大学低年级学生刚刚入学，思维定式和消费习惯还处于高中阶段，人格结构上也正处于发展阶段，在测量上具有相对不稳定性；而大四学生已经开始参加社会实践，在人格上已经表现出社会人的部分特征，且由于已经进入实习阶段，在取样上存在一定的困难；之所以选择整个班级的全体学生，是因为目前市场上的手机品牌比较多，在大学生中使用手机的品牌分布面比较广，如果采取抽样的方法，有可能丢失市场份额相对较小的手机品牌。而以整个教学班作为样本，就可以杜绝测量不到的手机品牌死角，使测量结果更加接近于大学生消费者使用品牌手机的实际情况。同时，以整个教学班作为样本，在大学生消费者人格的取样上更加具有多元性、完整性的特点，可以以小窥大，提高数据搜集的客观性。

在进行抽样调查的方案设计时，一个重要的问题是确定样本数量。样本量太大会耗费过多的人力物力，样本量太小又可能出现较大的误差，使调查得到的数据难以满足研究需要，所以样本量的大小必须安排适当。

在简单随机抽样的前提下，样本量的大小取决于总体方差的大小、允许误差的范围以及估计推断结论的可靠性要求。

设总体各单位之间的方差为 s^2，在社会经济的抽样调查中可靠性一般要求为95%，那么在正态分布条件下其概率度 $t=1.96$（可靠性为90%时，$t=1.65$），为了计算方便通常用 $t=2$ 来代替，平均数估计量允许误差常用 D 表示。

则确定样本容量的公式为：

$$n = \frac{Nt^2 pq}{ND^2 + t^2 pq}$$

式中：p 是预计的总体比例，但这正是抽样目的所要估计的，若事先没有任何信息可以利用时，可以采用保守的估计，令 $p=q=0.5$，因为这时 pq 的乘积为最大。

吉林大学珠海学院现有学生总量为16 000人，若置信区间为95%，允许

误差为10%。则样本数量

$$n = \frac{16000 \times 1.96^2 \times 0.5 \times 0.5}{16000 \times 0.5^2 + 1.92^2 \times 0.5 \times 0.5} = 190 \text{人}$$

根据计算结果，本研究正式测量时选取的样本量不能低于190人。

2. 问卷预测与抽样设计

问卷设计出来以后，首先将设计意图和初稿分别交由9位专家征求意见并加以修改，然后开始在小范围（一个教学班，50～100人之间）进行预测，依据因素负荷量和Cronbach's α系数的检测结果修改问卷相关内容，并对容易产生歧义的题项进行修改，最后再次发放问卷给样本进行预测，如此反复，直到符合正式测量要求为止。

本次的调查问卷是纸质版，因为调查样本选择课间（上午第二节课后）的大学生，问卷发放和回收比较方便，一张正反面印刷33个问题的调查问卷在二分钟内完全可以答完并回收完毕。

问卷调查实施过程如图3-5所示。

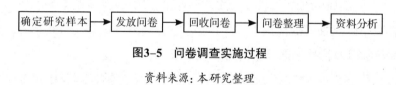

图3-5　问卷调查实施过程

资料来源：本研究整理

3. 问卷整理和资料分析

问卷回收以后，对回收的问卷进行了全面审核，挑拣出无效问卷和存在问题的问卷，对有效问卷进行编码输入。根据本研究的目的、变量的测量标准和统计分析工具的特点，本研究的数据分析将运用Excel 2003和SPSS 13.0统计分析软件进行。

（1）描述性统计分析

对样本资料及研究维度进行次数分配、百分比、平均数和标准差等基本统计分析，说明样本在各个维度的基本分布情况和样本数据结构。

（2）信度分析与效度分析

信度（reliability）与效度（validity）是所有问卷测量的重要检验环节。

两者都是指向具体量化指标与这些指标所预测的构念（construct）之间的关系。构念是指将一些观念、事实或印象有系统地组织起来后所形成的概念。

信度（reliability）即可靠性，是指采用同一方法对同一对象进行调查时，问卷调查结果的稳定性和一致性，即测量工具（问卷或量表）能否稳定地测量所测的事物或变量。

信度指标多以相关系数表示，具体评价方法大致可分为稳定系数（跨时间的一致性）、等值系数（跨形式的一致性）和内在一致性系数（跨项目的一致性）三类。

内在一致性一般以Cronbach's α系数来检定调查问卷中各维度内部测量变量之间的内部一致程度，特别适合针对李克特五等级量表法进行信度分析。Cronbach's α系数若大于0.7，表示内部一致性高；Cronbach's α系数若小于0.35，则表示内部一致性低。

本研究拟以Cronbach's α系数来检定调查问卷中各维度测量变量之间的内部一致程度。

效度（validity）即有效性，是指测量工具或手段能够测出所需测量的事物的准确程度。

效度分析有多种方法，其测量结果反映效度的不同方面。

常用于调查问卷效度分析的方法主要有内容效度（content validity）、准则效度（criterion validity）和建构效度（construct validity）三种。

内容效度（content validity）又称作表面效度或逻辑效度，指所设计的题项能否代表所要测量的内容或主题。

准则效度（criterion validity）又称作效标效度或预测效度，指量表所得到的资料和其他被选择的变量（准则变量）的值相比是否有意义。根据时间跨度的不同，准则效度可分为同时效度和预测效度。

结构效度（construct validity）指测量结果体现出来的某种结构与测值之间的对应程度。结构效度包括同质效度、异质效度和语意逻辑效度。

（3）集群分析

集群分析法（cluster analysis）是比较简单的一种多变量分析方法。该方法主要是通过对数据进行简化和分类，把相似的个体（观测物）归于一群，使同一群数据的差异最小化。也就是将最相似的变量或观察值合并成一个集群（cluster），直接以观察值的属性进行分析。

（4）相关分析

相关分析（correlation analysis）是研究现象之间是否存在某种依存关系，并对具体有依存关系的现象探讨其相关方向以及相关程度，它是描述客观事物相互之间关系的密切程度并用适当的统计指标表示出来的过程。如在一段时期内因变量随自变量上升而上升，则表明两变量间是正相关关系；而在另一时期，因变量随着自变量的上升而下降，则表明两变量间是负相关关系。

为了确定相关变量之间的关系，首先应该收集一些资料，这些资料应该是成对的。然后在直角坐标系上描述这些点，这一组点集称作"散点图"。根据散点图，当自变量取某一值时，因变量对应为一概率分布，如果对于所有的自变量取值的概率分布都相同，那么表明因变量和自变量是没有相关关系的；反之，如果自变量的取值不同，因变量的分布也不同，那么表明两者是存在相关关系的。

两个变量之间的相关程度通过相关系数 r 来表示。相关系数 r 的值在 -1 和 1 之间，可以是这个范围内的任何值。正相关时，r 值在 0 和 1 之间，散点图是斜向上的，此时变量增加，因变量也增加；负相关时，r 值在 -1 和 0 之间，散点图是斜向下的，此时变量增加，因变量反而减少。r 的绝对值越接近 1，表明两变量的关联程度越强；r 的绝对值越接近 0，表明两变量的关联程度越弱。

按着不同的性质，相关可以分为以下几种类型：

——按相关的程度，分为完全相关、不完全相关和不相关；

——按相关的方向，分为正相关和负相关；

——按相关的形式，分为线性相关和非线性相关；

——按影响因素的多少，分为单相关和复相关。

（5）回归分析

回归分析（regression analysis）是确定两种或两种以上变量间相互依赖

的定量关系的一种统计分析方法，在社会科学研究中运用十分广泛。

按照涉及的自变量的多少，回归分析可以分为一元回归分析和多元回归分析；按照自变量和因变量之间的关系类型，回归分析可以分为线性回归分析和非线性回归分析。如果在回归分析中，只包括一个自变量和一个因变量，且二者的关系可用一条直线近似表示，那么这种回归分析称作一元线性回归分析；如果回归分析中包括两个或两个以上的自变量，且因变量和自变量之间是线性关系，那么这种回归分析称作多元线性回归分析。

（6）结构方程模型分析

结构方程模型（structural equation modeling，SEM）是一种融合了因素分析和路径分析的多元统计技术。它的强势在于对多变量间交互关系的定量研究。近三十年来，SEM被大量地应用于社会科学及行为科学的领域，并在近几年开始逐渐应用于市场研究。

结构方程模型是顾客满意度研究广泛采用的模型之一。其目的在于探索测量因素与顾客满意度的因果关系，并将这种关系用因果模型、路径图等形式加以表述。

结构方程模型包括两类变量：一类为观测变量，是指可以通过访谈或其他方式调查得到的变量，用长方形表示；另一类是结构变量，指无法直接观察的变量，又称作潜变量，用椭圆形表示。

各变量之间均存在一定的关系，这种关系是可以计算的。计算出来的值称作参数，参数值的大小，意味着该指标对满意度的影响的大小，都是直接决定顾客购买与否的重要因素。如果能科学地测算出参数值，就可以找出影响顾客满意度的关键绩效因素，引导企业进行完善或者改进这些因素，从而达到快速提升顾客满意度的目的。

（三）预测检验及量表修正

1. 第1次预测问卷分析结果

（1）项目分析

本次预试样本共92份，经施行问卷预测，就预测结果获得之数据施行项目分析。设定样本总分的前25%为高分组，后25%为低分组，施行独立样本t

检定，检验每个试题在高低分组是否具有差异性。

设$u1$＝前段平均分，$\sigma1$＝前段标准差，$u2$＝后段平均分，$\sigma2$＝后段标准差，则量表项目分析结果如表3-8所示。

表3-8　量表项目分析结果

项目		题目	$u1$	$\sigma1$	$u2$	$\sigma2$	t
品牌个性	仁	平和的	4.22	0.78	3.30	0.91	3.6677
		和谐的	4.48	0.58	3.13	0.95	5.8224
		务实的	4.39	0.64	3.22	1.06	4.5385
	智	专业的	4.17	0.70	3.04	0.81	5.0736
		可信赖的	4.52	0.58	3.17	1.01	5.5639
		沉稳的	4.22	0.66	3.04	0.95	4.8596
	勇	果断的	4.09	0.78	2.70	0.62	6.7171
		动感的	4.09	0.78	2.87	1.08	4.4033
		新颖的	3.91	0.83	2.74	1.03	4.2552
	乐	积极的	4.30	0.62	2.87	0.68	7.4772
		酷的	3.96	0.81	2.87	0.95	4.1921
		时尚的	4.04	0.62	2.87	1.03	4.6604
	雅	有品位的	4.48	0.58	2.83	1.01	6.8202
		体面的	4.52	0.58	2.96	0.86	7.2442
		气派的	3.74	0.79	2.65	0.87	4.4436
大学生消费者人格		活跃	3.78	0.78	2.87	0.90	3.6824
		爽直	3.17	0.87	2.83	0.96	1.2875
		坚韧	3.35	0.76	2.78	1.06	2.0782
		严谨	4.17	0.56	3.30	0.91	3.9093
		利他	4.22	0.66	3.35	0.96	3.5846
		重情	3.48	0.83	2.78	0.93	2.6796
		随和	4.35	0.56	3.22	0.78	5.6561

续表

项目		题目	$u1$	$\sigma1$	$u2$	$\sigma2$	t
顾客感知价值	产品价值	质量	3.74	0.79	2.57	1.10	4.1619
		功能	3.52	0.93	2.61	0.82	3.5387
		外观	3.48	0.77	2.70	0.86	3.2535
	服务价值	宣传	3.70	0.80	2.26	0.90	5.7183
		介绍	3.74	0.74	2.83	0.82	3.9872
		售后服务	3.65	1.00	2.91	0.93	2.5912
	人员素质	销售人员	3.65	0.63	2.87	0.99	3.1907
	形象价值	企业水平	4.30	0.75	2.78	1.06	5.6202
		手机档次	3.26	0.90	2.09	0.72	4.9082
		品牌适合度	4.17	0.87	2.87	0.95	4.8722

资料来源：本研究整理

由上表的数据对比可以看出，除去18题"爽直"，t计算值均大于t表值1.67153，表明有显著差异，那么除18题之外的题目均可保留。第18题需要在问题的设计尤其是提问方式上更加简单、明了，使填答者易于理解、准确填答。

（2）信度分析

本研究以内部一致性系数为各分量表进行检验，由于大部分题目主观因素较多，故采用主观题目的信度分析公式进行计算。

所得各分量表的Cronbach's α值如下：

品牌个性（1～16题）为0.857；大学生消费者人格（17～23题）为0.601；顾客感知价值（24～33题）为0.775。

其中，品牌个性的内部一致性系数达0.8以上，均具有良好的信度；顾客感知价值接近0.8，也可以接受；但针对大学生消费者人格部分，信度偏低，所以必须重新设计题目，尽量增强学生对此部分问题的理解程度，使其能够作出合理准确的填答。

（3）效度分析

本量表以主轴法（principal axis method）抽取因素，并以斜交法（oblimin）进行因素转轴，并且在抽取因素时，直接指定所要抽取的因素为四。因为本量表设计的结构为四个分量表，故在进行因素分析时就以四个因素作为抽取因素。

木量表经上述分析后，所得结果如表3-9所示。

表3-9　量表因素分析结果

Rotated Component Matrix（a）

	Component		
	1	2	3
题12	.824	.056	.080
题13	.740	.260	.086
题11	.726	.152	−.010
题9	.711	−.021	.044
题14	.689	.307	.114
题15	.637	.191	.009
题8	.556	−.102	.191
题10	.520	.013	.449
题25	.445	.342	−.233
题23	−.058	.669	.083
题24	−.019	.667	.022
题30	.079	.649	.236
题27	.102	.611	.123
题26	.215	.535	.160
题32	.152	.522	.106
题28	.011	.516	.115
题31	.190	.472	−.014

续表

	Component		
	1	2	3
题19	.222	.429	.059
题16	.119	.426	.077
题22	.259	.336	.291
题20	.302	.316	.287
题29	−.061	.314	.232
题5	.031	.273	.735
题6	.098	.070	.730
题3	−.165	.334	.721
题7	.216	.080	.669
题1	.032	.236	.606
题4	.091	.379	.580
题2	.188	.296	.569
题17	−.051	−.079	.411
题21	.153	−.149	.380
题18	.036	.166	.328

资料来源：本研究整理

由表3-9中各题的因素负荷量得知，各题因素负荷量的绝对值大部分都在0.4以上，个别题项末尾负荷在0.3左右。

因素抽取结果显示：

第一因素包括8，9，10，11，12，13，14，15，25；

第二因素包括16，19，23，24，26，27，28，30，31，32；

第三因素包括1，2，3，4，5，6，7，17，18，20，21，22，29。

从结果中可以看到，个别题项的影响负荷与问卷设计初衷有所偏离，必须修正题目的问答方式，使用更加精准易懂的词汇，保证样本对题目的理解全面透彻，并使其能够准确填答。

修改后的第三部分题项如下：

第三部分　请您根据下列各组具有相反语义倾向的形容词进行自我评估，选出符合您本人个性特征的数位填入答案栏内。这些数字的大小仅表明性格趋向，没有褒义和贬义之分，请如实作答。

题号	问题及答案参考数字	答案
17	与人交往时你往往是态度积极、行为主动 1.非常不同意；2.不同意；3.一般；4.同意；5.非常同意	
18	与人沟通时你往往是心直口快、想啥说啥 1.非常不同意；2.不同意；3.一般；4.同意；5.非常同意	
19	为自己制定了明确的目标以后，你总是坚定执着、不达目的誓不甘休 1.非常不同意；2.不同意；3.一般；4.同意；5.非常同意	
20	在为人处事方面你总是认真仔细、严谨自制 1.非常不同意；2.不同意；3.一般；4.同意；5.非常同意	
21	不论和任何人相处，你总是诚信豁达、谦虚友好 1.非常不同意；2.不同意；3.一般；4.同意；5.非常同意	
22	你是个非常重感情的人，处理问题往往是情感导向而不是原则导向 1.非常不同意；2.不同意；3.一般；4.同意；5.非常同意	
23	在与人交往过程中你往往表现得机智乐观、随和柔顺 1.非常不同意；2.不同意；3.一般；4.同意；5.非常同意	

资料来源：本研究整理

2. 第2次预测问卷分析结果

（1）项目分析

第2次预测人数共98位，经施行问卷预测，就预测结果获得的资料施行项目分析。设定样本总分的前25%为高分组，后25%为低分组，施行独立样本t检定，检验每个测试题目在高低分组是否具有差异性。

设$u1$＝前段平均分，$\sigma1$＝前段标准差，$u2$＝后段平均分，$\sigma2$＝后段标准差，则量表项目分析结果如表3-10所示。

表3–10 量表项目分析结果

项目		题目	$u1$	$\sigma1$	$u2$	$\sigma2$	t
品牌个性	仁	平和的2	3.92	0.70	2.92	1.04	3.99
		和谐的3	4.12	0.53	3.04	0.89	5.23
		务实的4	4.28	0.84	3.40	1.15	3.08
	智	专业的5	4.20	0.76	2.52	0.96	6.84
		可信赖的6	4.48	0.71	3.04	0.98	5.95
		沉稳的7	3.96	0.79	3.08	1.19	3.09
	勇	果断的8	3.60	0.76	2.60	1.04	3.87
		动感的9	4.08	0.91	2.40	1.15	5.72
		新颖的10	3.96	0.93	2.24	1.05	6.11
	乐	积极的11	4.12	0.60	2.60	0.91	6.96
		酷的12	3.64	1.08	2.24	0.88	5.04
		时尚的13	4.00	1.00	2.60	1.22	4.43
	雅	有品位的14	3.96	1.06	2.20	0.91	6.29
		体面的15	4.24	0.93	3.04	0.93	4.56
		气派的16	3.68	1.03	2.28	0.89	5.14
大学生消费者人格		活跃17	3.60	1.00	2.96	0.79	2.51
		爽直18	3.32	0.95	3.04	1.21	0.91
		坚韧19	3.76	1.13	2.96	1.24	2.38
		严谨20	2.60	1.38	2.64	1.08	0.11
		利他21	3.48	1.00	3.00	0.96	1.73
		重情22	2.68	0.95	2.76	1.09	0.28
		随和23	4.04	0.93	3.28	1.10	2.63
顾客感知价值		产品价值24	3.64	0.81	2.64	0.91	4.11
		服务价值25	3.60	0.82	2.76	0.60	4.15
		人员素质26	3.88	0.67	2.88	0.78	4.87
		形象价值27	3.68	0.75	2.60	1.00	4.32

资料来源：本研究整理

由上表的数据对比可以看出，除去18、20、22题，其他题目的t计算值均大于t表值1.6153，表明有显著差异，即除18、20、22题之外的题目均可考虑保留。可以看出第三部分"大学生消费者人格部分"的问卷设计仍然存在问题。

（2）信度分析

本研究以内部一致性系数为各分量表进行检验，由于大部分题目主观因素较多，故采用主观题目的信度分析公式进行计算。

所得各分量表的Cronbach's α值如下：

品牌个性（2～16题）为0.859；大学生消费者人格（17～23题）为0.195；顾客感知价值（24～27题）为0.796。

其中，品牌个性的内部一致性系数达0.8以上，具有良好的信度；顾客感知价值接近0.8，也可以接受；但针对大学生消费者人格部分的信度仍然偏低，必须重新设计问题，增强学生对此部分问题的理解，以便作出准确的填答。

为此，本研究又针对"大学生消费者人格"部分进行了第3次问卷修正。修正后的问卷题项为：

第三部分 您是否同意下面对你本人的描述? 请在对应的同意程度上划"√"。

题号	问题及同意程度
17	你的性格特点是：活泼好动，善于交友 1.非常不同意；2.不同意；3.一般；4.同意；5.非常同意
18	你的行为特点是：想说就说，想做就做 1.非常不同意；2.不同意；3.一般；4.同意；5.非常同意
19	你做事的特点是：不达目的，誓不罢休 1.非常不同意；2.不同意；3.一般；4.同意；5.非常同意
20	你做人的特点是：精打细算，谨小慎微 1.非常不同意；2.不同意；3.一般；4.同意；5.非常同意
21	你做人的原则是：他人优先，宽宏大量 1.非常不同意；2.不同意；3.一般；4.同意；5.非常同意
22	你做事的原则是：情感第一，原则第二 1.非常不同意；2.不同意；3.一般；4.同意；5.非常同意
23	你的交往特点是：反应敏捷，柔顺随和 1.非常不同意；2.不同意；3.一般；4.同意；5.非常同意

资料来源：本研究整理

根据前两次预测分析结果，本研究对第四部分"顾客感知价值"问卷部分的题项也进行了大幅精简和重新设计。重新设计的该部分问卷针对四个变量直入主题。由于只有四个问题，不用随机排列顺序即直接形成本研究新的调查问卷的第四部分（24～27题）进行测量。

第四部分　请根据您对您目前所使用的品牌手机的真实感受，在适合您本人情况的数值上面划"√"

题号	问题及同意程度
24	这个品牌手机的性能在所有手机中是最好的 1.非常不同意；　2.不同意；　3.一般；　4.同意；　5.非常同意
25	这个品牌手机的销售服务是所有手机中最好的 1.非常不同意；　2.不同意；　3.一般；　4.同意；　5.非常同意
26	这个手机的生产企业是所有手机生产企业中最好的 1.非常不同意；　2.不同意；　3.一般；　4.同意；　5.非常同意
27	这个手机品牌是所有手机品牌中最好的 1.非常不同意；　2.不同意；　3.一般；　4.同意；　5.非常同意

资料来源：本研究整理

3. 第3次预测问卷分析结果

（1）项目分析

第3次预测人数共139位，经施行问卷预测，就预测结果获得之数据施行项目分析。设定样本总分的前25%为高分组，后25%为低分组，施行独立样本t检定，检验每个测试题项在高低分组是否具有差异性。

设$u1$＝前段平均分，$\sigma1$＝前段标准差，$u2$＝后段平均分，$\sigma2$＝后段标准差，则量表项目分析结果如表3-11所示。

表3-11　量表项目分析结果

项目		题目	$u1$	$\sigma1$	$u2$	$\sigma2$	t
品牌个性	仁	平和的2	3.86	0.81	3.29	0.75	3.06
		和谐的3	3.89	0.58	3.34	0.84	3.15
		务实的4	4.34	0.73	3.63	1.03	3.35
	智	专业的5	4.51	0.61	2.94	1.03	7.77
		可信赖的6	4.63	0.60	3.40	0.74	7.67
		沉稳的7	4.00	0.87	3.06	1.03	4.13
	勇	果断的8	3.57	0.78	2.60	0.69	5.51
		动感的9	3.94	1.03	2.63	1.06	5.27
		新颖的10	3.94	1.08	2.49	0.95	5.98
	乐	积极的11	4.11	0.72	2.94	0.97	5.75
		酷的12	3.86	0.97	2.43	0.85	6.54
		时尚的13	4.20	0.87	2.74	0.95	6.70
	雅	有品位的14	4.40	0.81	2.89	0.96	7.11
		体面的15	4.49	0.61	2.80	0.90	9.16
		气派的16	3.89	0.76	2.23	0.81	8.85
大学生消费者人格		活跃17	3.77	0.94	3.20	0.83	2.69
		爽直18	3.46	1.04	3.09	0.78	1.69
		坚韧19	3.23	0.73	2.83	0.75	2.26
		严谨20	3.46	0.85	2.97	0.82	2.43
		利他21	3.40	0.85	3.06	0.68	1.86
		重情22	3.03	0.98	2.74	0.95	1.24
		随和23	4.03	0.75	3.60	0.85	2.24
顾客感知价值		产品价值24	3.63	0.84	2.03	0.79	8.21
		服务价值25	3.46	0.61	2.34	0.64	7.46
		人员素质26	3.86	0.77	2.60	0.77	6.80
		形象价值27	3.74	0.89	2.40	0.95	6.13

资料来源：本研究整理

由上表的数据对比可以看出，品牌个性和顾客感知价值部分t计算值均远大于t表值1.6153，有显著差异，因此品牌个性和顾客感知价值部分量表的所有题目都可以保留；而大学生消费者人格部分的第17~23题t值仍然很低，22题t计算值仅为1.24，小于t表值1.6753，仍然没有达到测量所要求的效度。

经过三次预测，本研究认为运用该大学生消费者人格维度量表进行本次测量的效度很难达到本次研究的要求和目的，为了取得更加准确的测量效果，本研究认为有必要更换更加成熟的人格量表进行本次测量。至于该量表以及测量过程中存在的问题由于时间和篇幅所限，留待后续研究加以解决。

因为决定更换量表，对本次测量所进行的信度分析、效度分析、相关分析以及回归分析在此一并略过（详见附录10）。

重新检视文献述评，发现自20世纪80年代末以来，人格研究者们在人格描述模式上达成了一些共识，基本认同人格有五种最主要的稳定的特质，即"大五"因素模型，简称"大五"模型（big five model）。大家普遍认为以"大五"模型来分析人格特质是具有相当可信度且可被接受的，而且该模型还具有一定的跨文化性。该模型奠定了人格测量的科学基础，被称作当代人格心理学新型特质理论。因此，本研究重新选定"大五"模型为本次研究的测量模型。

根据文献述评，本研究重新整理了"大五"人格维度、变量及操作性定义，整理结果如表3-12所示。

表3-12 "大五"人格维度、变量及操作性定义

研究变量	操作性定义	测量要素
责任感	反映个体自我控制的程度以及推迟需求满足的能力	正面表现为行为规范、可靠、有能力、有责任心；负面表现为行为不规范、粗心、效率低、不可靠
宜人性	反映个体对其他人所持的态度	正面表现为善于为别人着想、富有同情心、信任他人、宽大、心软、直率；负面表现为充满敌对情绪、愤世嫉俗的、爱摆布人的、缺乏同情心
开放性	反映个体对经验本身的积极探求以及对不熟悉情境的探索	正面表现为对新鲜事物、知识、各种艺术形式和非传统观念的浓厚兴趣；负面表现为自我封闭、循规蹈矩、喜欢稳定、不善于创造性的思考

续表

研究变量	操作性定义	测量要素
外向性	反映个体人际投入水平和活力水平	正面表现为健谈的、主动的、活泼的、趋于好运和乐观的；负面表现为沉默的、严肃的、腼腆的、安静的
情绪稳定性	反映个体情感的调节和情绪的稳定程度	正面表现为情绪理性化、冷静、脾气温和、具有满足感、与别人相处愉快；负面表现为自我防卫、担忧、担心个体是否适应、容易情绪波动并易产生负面情绪

资料来源：本研究整理

"大五"模型是比较成熟的人格测量量表，经过对该量表进行重新整理后，归纳出的五个维度量表如表3-13所示。

表3-13　整理后的"大五"人格量表

责任感	整洁的	5	4	3	2	1	零乱的
	果断的	5	4	3	2	1	开放的
	自制的	5	4	3	2	1	易受干扰的
	喜欢次序的	5	4	3	2	1	适应喧闹
	守时的	5	4	3	2	1	拖延的
宜人性	礼貌的	5	4	3	2	1	粗犷的
	大方的	5	4	3	2	1	精细的
	热情的	5	4	3	2	1	冷漠的
	合作的	5	4	3	2	1	独立的
	信任的	5	4	3	2	1	怀疑的
开放性	爱幻想的	5	4	3	2	1	现实的
	理论的	5	4	3	2	1	实践的
	跟从想象的	5	4	3	2	1	服从权威的
	追求新奇的	5	4	3	2	1	追求常规的
	模棱两可的	5	4	3	2	1	轮廓清楚的

续表

外向性	集体生活的	5	4	3	2	1	个人独处的
	乐观的	5	4	3	2	1	悲观的
	外显的	5	4	3	2	1	内隐的
	开朗的	5	4	3	2	1	冷淡的
	保守的	5	4	3	2	1	有思想的
情绪稳定性	迫切的	5	4	3	2	1	冷静的
	谨慎的	5	4	3	2	1	自信的
	泄气的	5	4	3	2	1	乐观的
	易难堪的	5	4	3	2	1	老练的
	易分心的	5	4	3	2	1	镇静的

资料来源：本研究整理

本量表共计25个题项，重新随机排列顺序后形成本研究调查问卷的第三部分（17～41题），同时，使用该问卷对样本进行了第4次预测。

第三部分　请在下列各组选出一个比较适合你行为特征和心理特征的数位打上"√"。假使态度中等，就将"√"打在"3"上。

题号	数字号表						
17	迫切的	5	4	3	2	1	冷静的
18	集体生活的	5	4	3	2	1	个人独处的
19	爱幻想的	5	4	3	2	1	现实的
20	礼貌的	5	4	3	2	1	粗犷的
21	整洁的	5	4	3	2	1	零乱的
22	谨慎的	5	4	3	2	1	自信的
23	乐观的	5	4	3	2	1	悲观的
24	理论的	5	4	3	2	1	实践的
25	大方的	5	4	3	2	1	精细的

续表

26	果断的	5	4	3	2	1	开放的
27	泄气的	5	4	3	2	1	乐观的
28	外显的	5	4	3	2	1	内隐的
29	跟从想象的	5	4	3	2	1	服从权威的
30	热情的	5	4	3	2	1	冷漠的
31	自制的	5	4	3	2	1	易受干扰的
32	易难堪的	5	4	3	2	1	老练的
33	开朗的	5	4	3	2	1	冷淡的
34	追求新奇的	5	4	3	2	1	追求常规的
35	合作的	5	4	3	2	1	独立的
36	喜欢次序的	5	4	3	2	1	适应喧闹的
37	易分心的	5	4	3	2	1	镇静的
38	保守的	5	4	3	2	1	有思想的
39	模棱两可的	5	4	3	2	1	轮廓清楚的
40	信任的	5	4	3	2	1	怀疑的
41	守时的	5	4	3	2	1	拖延的

资料来源：本研究整理

4. 第4次预测问卷分析结果

（1）项目分析

第4次预测人数共198位，经施行问卷预测，就预测结果获得的资料进行项目分析。设定样本总分的前25%为高分组，后25%为低分组，施行独立样本 t 检定，检验每个测试题项在高低分组是否具有差异性。

设 $u1$ ＝前段平均分，$\sigma1$ ＝前段标准差，$u2$ ＝后段平均分，$\sigma2$ ＝后段标准差，统计结果如表3–14所示。

表3-14 量表项目分析结果

项目		题目	$u1$	$\sigma1$	$u2$	$\sigma2$	t
品牌个性	仁	平和的	3.92	0.70	3.02	0.82	5.92
		和谐的	4.20	0.67	3.18	0.80	6.91
		务实的	3.32	0.68	2.24	0.82	7.14
	智	专业的	4.06	0.74	2.70	0.81	8.74
		可信赖的	4.36	0.66	3.22	0.91	7.16
		沉稳的	4.10	0.74	3.12	0.96	5.73
	勇	果断的	3.58	0.91	2.60	0.76	5.87
		动感的	3.52	0.89	2.36	1.05	5.99
		新颖的	3.76	0.82	2.54	1.28	5.67
	乐	积极的	4.02	0.74	2.86	0.90	7.01
		酷的	3.86	0.86	2.68	1.15	5.81
		时尚的	4.06	0.74	2.68	1.06	7.56
	雅	有品位的	4.02	0.74	3.26	0.94	4.48
		体面的	4.16	0.71	3.02	1.12	6.10
		气派的	4.62	0.57	3.34	0.96	8.11
大学生消费者人格	责任感	整洁的	2.82	0.98	2.86	1.03	0.20
		果断的	3.56	0.95	2.98	1.00	2.97
		自制的	3.72	1.20	2.98	1.22	3.06
		喜欢次序的	4.64	0.63	3.56	0.99	6.49
		守时的	4.46	0.86	3.66	1.04	4.18
	宜人性	礼貌的	3.64	1.06	3.50	0.95	0.69
		大方的	4.08	0.75	3.38	1.01	3.94
		热情的	3.06	0.77	2.64	0.85	2.59
		合作的	3.98	0.74	3.10	1.15	4.55
		信任的	3.30	0.81	2.98	0.77	2.02

续表

项目		题目	u1	σ1	u2	σ2	t
大学生消费者人格	开放性	爱幻想的	2.52	1.01	2.46	1.05	0.29
		理论的	3.12	1.00	2.72	0.90	2.09
		跟从想象的	3.32	0.89	2.94	1.00	2.01
		追求新奇的	4.00	0.81	3.24	0.94	4.34
		适于模棱两可的	3.38	1.10	2.72	1.01	3.12
	外向性	集体生活的	2.90	0.79	2.84	1.08	0.32
		乐观的	4.02	0.98	3.26	1.05	3.75
		外显的	3.78	1.07	3.34	1.00	2.12
		开朗的	4.00	1.03	2.98	0.98	5.07
		保守的	3.52	0.97	3.24	1.04	1.39
	情绪稳定性	迫切的	3.24	1.22	3.10	1.04	0.62
		谨慎的	2.54	1.07	2.64	1.01	0.48
		泄气的	2.86	0.97	2.52	0.99	1.73
		易难堪的	4.26	0.83	3.42	0.84	5.05
		易分心的	4.32	0.91	3.58	1.09	3.68
顾客感知价值		产品价值	3.64	0.85	2.36	0.96	7.04
		服务价值	3.64	0.75	2.50	0.89	6.94
		人员素质	3.82	0.87	2.50	0.95	7.22
		形象价值	3.74	0.83	2.48	0.91	7.25

资料来源：本研究整理

由上表的数据对比可以看出，除去少数几个测试题项外，其他题项的t计算值均大于t表值1.6153，有显著差异，而部分题目的t值偏小，可能与此次答题者的理解程度有关，或与题目本身的提问方式有关，可以采取更换题目或改变提问方式的方法予以解决。

综合考虑，整份量表的绝大部分题目可以保留。

（2）信度分析

本研究以内部一致性系数为各分量表进行检验，由于大部分题目主观因素较多，故采用主观题目的信度分析公式进行计算。

所得各分量表的Cronbach's α值如下：

品牌个性（2～16题）为0.876；大学生消费者人格（17～41题）为0.625；顾客感知价值（42～45题）为0.878。

其中，品牌个性和顾客感知价值的内部一致性系数达0.8以上，具有良好的信度；但针对大学生消费者人格部分，信度稍稍偏低，但也在可以接受的范围之内。

（3）效度分析

本量表以主轴法（principal axis method）抽取因素，并以方差最大正交旋转法（varimax）进行因素转轴。

本量表经上述分析后，所得结果如表3-15和表3-16所示。

表3-15　品牌个性效度分析表

	Component				
	1	2	3	4	5
平和的2	0.008	0.150	0.097	0.859	0.161
和谐的3	0.164	0.069	0.230	0.820	0.137
务实的4	−0.143	0.040	0.811	0.085	0.244
专业的5	0.168	0.118	0.846	0.127	0.004
可信赖的6	0.246	0.078	0.594	0.444	0.215
沉稳的7	−0.142	0.035	0.396	0.219	0.685
果断的8	0.137	0.100	0.074	0.158	0.886
动感的9	0.851	0.088	0.061	0.075	0.065
新颖的10	0.741	0.368	−0.051	0.171	−0.048
积极的11	0.709	0.142	0.168	0.069	0.249
酷的12	0.723	0.306	0.035	0.016	−0.075
时尚的13	0.697	0.492	−0.081	0.029	−0.200
有品位的14	0.401	0.670	0.086	0.311	0.011
体面的15	0.238	0.825	0.117	0.167	0.116
气派的16	0.294	0.839	0.086	−0.047	0.095

资料来源：本研究整理

从表3-15可以看出，大部分的题目都落在了量表设置预定的五个因素内。针对没有落在预定因素内的几个题目，可以在正式问卷中对其重新归类或更换为其他的题目选项。

表3-16　大学生消费者人格效度分析表

	Component				
	1	2	3	4	5
迫切的	−0.039	0.539	−0.083	−0.014	0.086
集体生活的	0.581	0.132	−0.076	−0.075	0.044
爱幻想的	0.145	0.653	0.042	0.046	−0.269
礼貌的	0.342	0.073	0.600	0.043	−0.132
整洁的	0.203	−0.151	0.726	0.193	−0.060
谨慎的	−0.122	−0.107	0.568	−0.088	−0.014
乐观的	0.619	−0.188	0.129	0.027	−0.299
理论的	0.086	0.356	0.133	0.027	0.465
大方的	0.390	−0.029	0.408	0.235	0.047
果断的	−0.076	−0.081	0.172	0.740	0.025
泄气的	−0.344	0.478	−0.124	0.254	0.246
外显的	0.501	−0.066	−0.192	0.222	0.383
跟从想象的	0.071	0.382	−0.091	0.595	−0.263
热情的	0.762	0.027	−0.071	−0.038	−0.136
自制的	0.270	−0.297	0.076	0.505	0.179
易难堪的	−0.070	0.352	−0.077	−0.006	−0.041
开朗的	0.731	−0.128	−0.091	0.055	−0.209
追求新奇的	0.282	0.204	0.123	0.122	−0.670
合作的	0.622	0.119	0.190	0.019	0.120
喜欢次序的	−0.202	−0.009	0.495	−0.029	0.110
易分心的	0.082	0.651	−0.105	−0.228	0.006
保守的	−0.249	0.441	0.262	−0.210	0.344
适于模棱两可的	−0.008	0.454	0.262	−0.460	0.223
信任的	0.530	−0.212	0.161	0.171	0.039
守时的	0.309	−0.274	0.358	0.263	0.336

资料来源：本研究整理

从表3-16中可以看出，大部分的题目都落在了量表预定的因素内，部分题目没有落在预设的人格分组内，这可能与本次答题者对问题的理解相关，也可能与问题的提问方式相关，可以通过更换为其他题目或改变提问方式予以解决。

综合上述分析结果，本研究认为有必要对本部分问卷的所有题项重新进行整理和归类，既可规避上述出现的问题，又可达到精简题项、防止样本填答厌倦的目的。

归类后的"大五"人格量表如表3-17所示。

表3-17 归类后的"大五"人格量表

责任感	果断的	5	4	3	2	1	开放的
	自制的	5	4	3	2	1	易受干扰的
宜人性	礼貌的	5	4	3	2	1	粗犷的
	大方的	5	4	3	2	1	精细的
开放性	爱幻想的	5	4	3	2	1	现实的
	追求新奇的	5	4	3	2	1	追求常规的
外向性	乐观的	5	4	3	2	1	悲观的
	开朗的	5	4	3	2	1	冷淡的
稳定性	迫切的	5	4	3	2	1	冷静的
	易分心的	5	4	3	2	1	镇静的

资料来源：本研究整理

归类后的题项经整理后随机排序形成本研究正式测量问卷的第三部分（17~26题）：

第三部分 请在下列各组选出一个比较适合你行为特征和心理特征的数位打上"√"。假使态度中等，就将"√"打在"3"上。

题号	数字号表					
17	迫切的	5	4	3	2	1	冷静的
18	爱幻想的	5	4	3	2	1	现实的

续表

题号	数字号表						
19	礼貌的	5	4	3	2	1	粗犷的
20	乐观的	5	4	3	2	1	悲观的
21	大方的	5	4	3	2	1	精细的
22	果断的	5	4	3	2	1	开放的
23	自制的	5	4	3	2	1	易受干扰的
24	开朗的	5	4	3	2	1	冷淡的
25	追求新奇的	5	4	3	2	1	追求常规的
26	易分心的	5	4	3	2	1	镇静的

根据上述多次预测、分析的研究成果，必须重新修正本研究结构的维度和操作性变量，即把消费者人格维度量表由《中国大学生消费者人格量表》中的活跃、爽直、坚韧、严谨、利他、重情、随和七个维度替换为新"大五"模型的责任感、宜人性、开放性、外向性和情绪稳定性。

修正后的研究结构如图3-6所示。

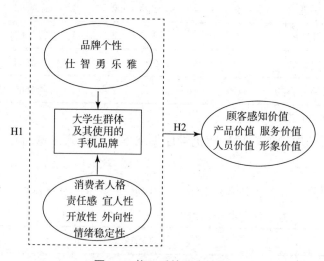

图3-6 修正后的研究结构

资料来源：本研究整理

根据修正后的研究结构，必须按着新"大五"模型修正原来的假设。

修正后的假设树如图3-7所示。

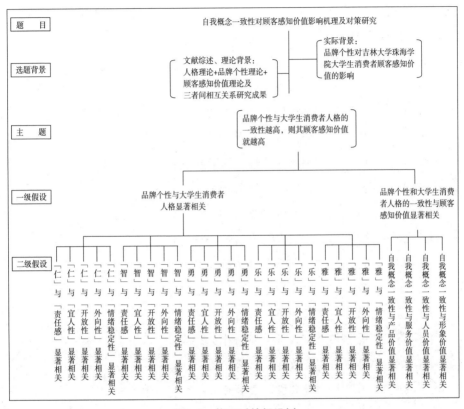

图3-7 修正后的假设树

资料来源：本研究整理

根据修正后的研究结构和假设树，提出新的研究假设。

修正后的研究假设为：

H1：品牌个性与大学生消费者人格显著相关。

在本研究文献探讨中，中国的品牌个性维度包含"仁（包含平和的、和谐的、务实的3个因子）""智（包含专业的、可信赖的、沉稳的3个因子）""勇（包含果断的、动感的、新颖的3个因子）""乐（包含积极的、酷的、时尚的3个因子）""雅（包含有品位的、体面的、气派的3个因子）"五个子维度；而大学生消费者人格维度包含"责任感（包含果断的、自制的"2个因子）"宜人性（包含礼貌的、大方的2个因子）""开放性（包含爱幻想的、追求新奇的2个因子）""外向性（包含乐观的、开朗的2个因子）""稳定性（包含迫切的、易分心的2个因子）"等五个子维度。故从H1假设中派生出假设H1-1a~H1-5e。依次为

    H1-1a："仁"与"责任感"显著相关；

    H1-1b："仁"与"宜人性"显著相关；

    H1-1c："仁"与"开放性"显著相关；

    H1-1d："仁"与"外向性"显著相关；

    H1-1e："仁"与"情绪稳定性"显著相关；

    H1-2a："智"与"责任感"显著相关；

    H1-2b："智"与"宜人性"显著相关；

    H1-2c："智"与"开放性"显著相关；

    H1-2d："智"与"外向性"显著相关；

    H1-2e："智"与"情绪稳定性"显著相关；

    H1-3a："勇"与"责任感"显著相关；

    H1-3b："勇"与"宜人性"显著相关；

    H1-3c："勇"与"开放性"显著相关；

    H1-3d："勇"与"外向性"显著相关；

    H1-3e："勇"与"情绪稳定性"显著相关；

    H1-4a："乐"与"责任感"显著相关；

    H1-4b："乐"与"宜人性"显著相关；

    H1-4c："乐"与"开放性"显著相关；

    H1-4d："乐"与"外向性"显著相关；

    H1-4e："乐"与"情绪稳定性"显著相关；

    H1-5a："雅"与"责任感"显著相关；

    H1-5b："雅"与"宜人性"显著相关；

    H1-5c："雅"与"开放性"显著相关；

    H1-5d："雅"与"外向性"显著相关；

H1-5e："雅"与"情绪稳定性"显著相关。

品牌个性是品牌产品特征的人格化。随着品牌个性与消费者人格特征相关性（自我概念一致性，下同）的显著变化，该品牌产品的品牌个性在消费者心目中也会发生显著变化，带给消费者的顾客感知价值也会随之发生显著变化。故提出假设H2。

H2：自我概念一致性与顾客感知价值显著相关。

从本研究文献探讨中得知，顾客感知价值包含产品价值、服务价值、人员价值和形象价值四个因子。故从H2假设中派生出假设H2-1～H2-4。依次为：

H2-1：自我概念一致性与产品价值显著相关；

H2-2：自我概念一致性与服务价值显著相关；

H2-3：自我概念一致性与人员价值显著相关；

H2-4：自我概念一致性与形象价值显著相关。

修正后的研究维度、变量及其操作性定义和测量方法如表3-18所示。

表3-18　修正后的研究维度、研究变量及其操作性定义和测量方法

维度	研究变量	操作性定义	测量要素	问卷题项	测量方法	文献来源
样本	现在使用的手机品牌	赋予操作性变量的样本	苹果、华为、小米、oppo、vivo	第一部分1题	封闭式回答	自行整理
品牌个性	仁	人们所具有的优良品行和高洁品质，表示"爱人"及"爱物"之意	平和的和谐的务实的	第二部分2～4题	李克特5等级量表	卢泰宏中国品牌个性量表
	智	属于古汉语中"才"和"术"的范畴	专业的可信赖的沉稳的	第二部分5～7题		
	勇	具有"不惧""不怕"的个性特征	果断的动感的新颖的	第二部分8～10题		
	乐	形容高兴、乐观、自信、时尚的外在形象特征	积极的酷的时尚的	第二部分11～13题		
	雅	与传统文化中的"雅"相联系	有品位的体面的气派的	第二部分14～16题		

续表

维度	研究变量	操作性定义	测量要素	问卷题项	测量方法	文献来源
大学生消费者人格	责任感	衡量一个人的组织性、坚毅性，以及目标取向行为的动机强度	果断的自制的	第三部分17～18题	李克特5等级量表	「大五」人格量表
	宜人性	衡量一个人在思想、情感和行动上从认同到反对的连续向度中的人际取向程度	礼貌的大方的	第三部分19～20题		
	开放性	衡量一个人对于陌生事物的容忍和探索能力，以及其主动追求经验和体验的取向	爱幻想的、追求新奇的	第三部分21～22题		
	外向性	衡量一个人对人际交往的量及强度、对刺激的需要以及获得愉悦的能力	乐观的开朗的	第三部分23～24题		
	情绪稳定性	衡量一个人的情感调节能力	迫切的易分心的	第三部分25～26题		
顾客感知价值	产品价值	产品的质量、功能、外观（规格、特色、款式）等因素所产生的价值	品牌产品的质量价值	第四部分27题	李克特5等级量表	科特勒顾客让渡价值模型
	服务价值	伴随产品实体出售而向顾客提供的各种附加服务所产生的价值。分为售前、售中和售后服务	品牌产品的服务价值	第四部分28题		
	人员价值	企业员工的经营思想、经营作风、业务能力、知识水平、工作效率与质量所产生的价值	品牌产品的员工价值	第四部分29题		
	形象价值	企业及其产品在社会公众中形成的总体形象所产生的价值	品牌产品的形象价值	第四部分30题		

资料来源：本研究整理

修正后的研究问卷为：

第一部分　请在符合您情况的手机品牌上面画"√"

题号	问题及答案参考数字
1	您现在使用的手机品牌是 华为、苹果、小米、oppo、vivo

第二部分　请根据您的直观感受，确定下列15个形容词同你现在使用的手机品牌特征的符合程度，并在所对应的数字上面画"√"。

题号	个性 形容词	和你手机品牌的符合程度				
		非常不符合	不符合	一般	符合	非常符合
2	有品位的	1	2	3	4	5
3	和谐的	1	2	3	4	5
4	酷的	1	2	3	4	5
5	专业的	1	2	3	4	5
6	务实的	1	2	3	4	5
7	沉稳的	1	2	3	4	5
8	果断的	1	2	3	4	5
9	气派的	1	2	3	4	5
10	新颖的	1	2	3	4	5
11	积极的	1	2	3	4	5
12	动感的	1	2	3	4	5
13	时尚的	1	2	3	4	5
14	平和的	1	2	3	4	5
15	体面的	1	2	3	4	5
16	可信赖的	1	2	3	4	5

第三部分 请在下列各组选出一个比较适合你行为特征和心理特征的数位打上"√"。假使态度中等，就将"√"打在"3"上。

题号	数字号表						
17	迫切的	5	4	3	2	1	冷静的
18	爱幻想的	5	4	3	2	1	现实的
19	礼貌的	5	4	3	2	1	粗犷的
20	乐观的	5	4	3	2	1	悲观的
21	大方的	5	4	3	2	1	精细的
22	果断的	5	4	3	2	1	开放的
23	自制的	5	4	3	2	1	易受干扰的
24	开朗的	5	4	3	2	1	冷淡的
25	追求新奇的	5	4	3	2	1	追求常规的
26	易分心的	5	4	3	2	1	镇静的

第四部分 请根据您对您目前所使用的品牌手机的真实感受，在适合您本人情况的数值上面画"√"

题号	问题及同意程度
27	这个品牌手机的性能在所有手机中是最好的 1.非常不同意；　2.不同意；　3.一般；　4.同意；　5.非常同意
28	这个品牌手机的销售服务是所有手机中最好的 1.非常不同意；　2.不同意；　3.一般；　4.同意；　5.非常同意
29	这个手机的生产企业是所有手机生产企业中最好的 1.非常不同意；　2.不同意；　3.一般；　4.同意；　5.非常同意
30	这个手机品牌是所有手机品牌中最好的 1.非常不同意；　2.不同意；　3.一般；　4.同意；　5.非常同意

第三节 本章小结

本研究的基本路径是从资料查询和调研开始，应用相关理论，系统建构自变量、中间调节变量和因变量之间的关联，探求品牌个性、消费者人格对顾客感知价值的影响机理，并以此作为品牌建设的参考。

按照一般科研论文之研究流程，从确定研究主题开始，接下来界定研究目的—搜集、整理、分析品牌个性、消费者人格和顾客满意度的相关文献—拟定研究假设—问卷访谈验证和个案分析比较—统计验证假设—构建系统模型，最后得出结论并提出建议。

本研究以在校大学生群体为样本，以大学生使用的品牌手机产品为对象，首先研究品牌个性维度（包括"仁""智""勇""乐""雅"五个子维度）和消费者人格维度（包括"责任感""宜人性""开放性""外向性""情绪稳定性"五个子维度）的相关性，然后采取系统建构方法，探讨自我概念一致性对顾客感知价值维度（包含产品价值、服务价值、员工价值和形象价值四个子维度）的影响。在多次预测、统计分析的基础上，重新调整了消费者人格的测量维度，最终确定了本研究的研究结构。

根据最后设定的研究结构和假设树，确定了本研究最终要验证的假设为：

H1：品牌个性与大学生消费者人格显著相关。

H1-1a："仁"与"责任感"显著相关；

H1-1b："仁"与"宜人性"显著相关；

H1-1c："仁"与"开放性"显著相关；

H1-1d："仁"与"外向性"显著相关；

H1-1e："仁"与"情绪稳定性"显著相关；

H1-2a："智"与"责任感"显著相关；

H1-2b："智"与"宜人性"显著相关；

H1-2c："智"与"开放性"显著相关；

H1-2d："智"与"外向性"显著相关；

H1-2e："智"与"情绪稳定性"显著相关；

H1-3a："勇"与"责任感"显著相关；

H1-3b："勇"与"宜人性"显著相关；

H1-3c："勇"与"开放性"显著相关；

H1-3d："勇"与"外向性"显著相关；

H1-3e："勇"与"情绪稳定性"显著相关；

H1-4a："乐"与"责任感"显著相关；

H1-4b："乐"与"宜人性"显著相关；

H1-4c："乐"与"开放性"显著相关；

H1-4d："乐"与"外向性"显著相关；

H1-4e："乐"与"情绪稳定性"显著相关；

H1-5a："雅"与"责任感"显著相关；

H1-5b："雅"与"宜人性"显著相关；

H1-5c："雅"与"开放性"显著相关；

H1-5d："雅"与"外向性"显著相关；

H1-5e："雅"与"情绪稳定性"显著相关。

H2：自我概念一致性与顾客感知价值显著相关。

H2-1：自我概念一致性与产品价值显著相关；

H2-2：自我概念一致性与服务价值显著相关；

H2-3：自我概念一致性与人员价值显著相关；

H2-4：自我概念一致性与形象价值显著相关。

根据上述研究假设，本章确定了本研究最终的研究维度、变量及其操作性定义和测量方法，在多次预测和统计分析的基础上确定了最后的正式研究问卷。

第四章　研究结果

第一节　样本资料分析

　　本研究开始进行正式测量，样本仍然选择吉林大学珠海学院工商管理系大学三年级集中在阶梯教室上课的六个教学班课间在座的全体学生。

　　共发出问卷217份，回收217份，无效和选择其他手机的19份（约占总问卷的10%），有效问卷共198份，符合本次测量样本量需要达到190份的设定要求。

　　测量后统计出的各品牌手机所占比例如图4-1所示。

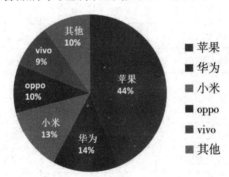

图4-1　正式调查大学生"现在使用的手机品牌"问卷结果

资料来源：本研究整理

经施行问卷测量，就测量结果获得的资料进行分析。

设定样本总分的前25%为高分组，后25%为低分组，施行独立样本t检定，检验每个测量问题在高低分组是否具有差异性。

设$u1$＝前段平均分，$σ1$＝前段标准差，$u2$＝后段平均分，$σ2$＝后段标准差，则得出量表项目分析结果如表4-1所示。

表4-1　量表项目分析结果

项目		题目	$u1$	$\sigma1$	$u2$	$\sigma2$	t
品牌个性	仁	2平和的	3.96	0.70	3.02	0.77	6.40
		3和谐的	4.14	0.70	3.20	0.81	6.22
		4务实的	3.46	0.81	2.16	0.71	8.51
	智	5专业的	4.20	0.67	2.72	0.81	9.96
		6可信赖的	4.36	0.72	3.32	0.82	6.74
		7沉稳的	4.18	0.66	3.26	0.92	5.74
	勇	8果断的	3.66	0.85	2.56	0.73	6.94
		9动感的	3.56	0.86	2.14	0.78	8.63
		10新颖的	3.90	0.79	2.18	1.04	9.30
	乐	11积极的	4.00	0.78	2.76	0.74	8.12
		12酷的	4.08	0.70	2.48	1.01	9.20
		13时尚的	4.18	0.72	2.40	0.90	10.90
	雅	14有品位的	4.08	0.75	3.14	0.95	5.49
		15体面的	4.14	0.70	2.78	1.00	7.90
		16气派的	4.58	0.57	3.26	0.90	8.75
大学生消费者人格	责任感	17果断的	2.86	0.90	2.84	0.96	0.11
		18自制的	3.58	1.23	2.90	1.16	2.84
	宜人性	19礼貌的	4.52	0.65	3.72	0.97	4.85
		20大方的	4.04	0.78	3.40	1.01	3.54
	开放性	21爱幻想的	3.84	0.74	3.20	1.03	3.57
		22追求新奇的	3.32	0.68	3.00	0.76	2.22
	外向性	23乐观的	3.22	1.09	2.88	1.00	1.62
		24开朗的	4.08	0.88	3.42	1.09	3.34
	情绪稳定性	25迫切的	3.96	1.01	3.24	0.98	3.62
		26易分心的	3.36	1.06	3.02	1.00	1.65

项目	题目	u1	σ1	u2	σ2	t
顾客感知价值	27产品价值	3.86	0.76	2.38	0.97	8.53
	28服务价值	3.64	0.69	2.48	0.84	7.54
	29人员素质	3.88	0.75	2.52	1.01	7.63
	30形象价值	3.80	0.78	2.54	0.93	7.33

资料来源：本研究整理

由表4-1的数据对比可以看出，除17题（人格部分"果断的"）外，t计算值均大于t表值1.6153，表明有显著差异。第17题的t值偏小，可能与此次答题者对题目的理解有关，或与题目本身的提问方式相关，可以通过适当改变提问方式予以解决。

综合考虑，对第17题题目的提问方式作出适当修改，整份量表的题目可以全部保留。

第二节　信度与效度分析

1.信度分析

本研究以内部一致性系数为各分量表进行检验，由于大部分题目主观因素较多，故采用主观题目的信度分析公式进行计算。

所得各分量表的Cronbach's α值如下：

品牌个性（2～16题）为0.876，大学生消费者人格（17～26题）为0.474，顾客感知价值（27～32题）为0.878。

其中，品牌个性和顾客感知价值的内部一致性系数达0.8以上，具有良好的信度。但针对大学生消费者人格部分，信度稍稍偏低，说明在问答设计上还需要考虑差异性，在填答问卷之前必须增强样本对此部分问题的理解，并在后续研究过程中注意适当改进。

2.效度分析

本量表以主轴法抽取因素，并以方差最大正交旋转法进行因素转轴，经上述分析后，所得结果如表4-2和表4-3所示。

表4-2 品牌个性效度分析表

题 项	Component				
	1	2	3	4	5
平和的2	0.008	0.150	0.097	0.859	0.161
和谐的3	0.164	0.069	0.230	0.820	0.137
务实的4	−0.143	0.040	0.811	0.085	0.244
专业的5	0.168	0.118	0.846	0.127	0.004
可信赖的6	0.246	0.078	0.594	0.444	0.215
沉稳的7	−0.142	0.035	0.396	0.219	0.685
果断的8	0.137	0.100	0.074	0.158	0.886
动感的9	0.851	0.088	0.061	0.075	0.065
新颖的10	0.741	0.368	−0.051	0.171	−0.048
积极的11	0.709	0.142	0.168	0.069	0.249
酷的12	0.723	0.306	0.035	0.016	−0.075
时尚的13	0.697	0.492	−0.081	0.029	−0.200
有品位的14	0.401	0.670	0.086	0.311	0.011
体面的15	0.238	0.825	0.117	0.167	0.116
气派的16	0.294	0.839	0.086	−0.047	0.095

资料来源：本研究整理

从表4-2可以看出，大部分的题目都落在了量表预先设置的五个因素中，针对没有落在预定因素中的几个题项，在后续研究中可以对其重新归类或更换为其他的提问方式。

表4-3 大学生消费者人格效度分析表

题 项	Component				
	1	2	3	4	5
果断的17	0.079	−0.124	0.909	−0.073	−0.106
自制的18	0.272	−0.677	0.539	0.147	−0.031

题 项	Component				
	1	2	3	4	5
礼貌的19	0.234	−0.147	−0.004	0.216	−0.820
大方的20	0.311	0.024	0.348	−0.292	−0.761
爱幻想的21	0.088	0.329	−0.059	0.847	−0.092
追求新奇的22	0.630	−0.002	0.067	0.492	−0.015
乐观的23	0.751	−0.112	0.037	−0.206	−0.499
开朗的24	0.836	−0.152	0.112	0.048	−0.148
迫切的25	−0.197	0.747	0.159	0.243	0.033
易分心的26	0.036	0.727	−0.188	0.219	0.135

资料来源：本研究整理

从表4-3中可以看出，大部分的题项都落在了量表预先设置的因素中，只有"追求新奇的"这一项没有按照预定与"爱幻想的"归为同一人格，这可能与本次答题样本对词汇的理解有关，也可能与问题的提问方式有关，在后续研究中可以通过更换题目或改变提问方式予以解决。

第三节　命题与假设检定

本研究的命题是：品牌个性与大学生消费者人格显著相关，该类相关因子对顾客感知价值具有显著的影响。本研究即通过对品牌个性、消费者人格和顾客感知价值各维度的子维度所包含的因子进行分析，探究各类因子之间的相互关联程度。若各因子之间存在显著相关，则各子维度之间即存在显著相关，则各维度之间也存在显著相关。

1. Pearson相关系数分析

首先对品牌个性"仁""智""勇""乐""雅"5个项目下的3个题目的得分取平均值作为其得分，然后与大学生消费者人格的5个项目求Pearson相关系数，得到如表4-4相关系数矩阵。

表4-4　品牌个性与大学生消费者人格相关系数矩阵

	Pearson	责任感	宜人性	开放性	外向性	稳定性
仁	Correlation	0.02	0.25	−0.06	0.11	−0.06
	Sig.	0.83	0.00	0.39	0.13	0.39
智	Correlation	0.08	0.21	0.01	0.11	−0.08
	Sig.	0.26	0.00	0.85	0.13	0.28
勇	Correlation	0.01	0.09	0.16	0.01	0.00
	Sig.	0.89	0.22	0.02	0.94	0.98
乐	Correlation	0.05	0.15	0.18	0.10	0.04
	Sig.	0.52	0.03	0.01	0.16	0.56
雅	Correlation	0.04	0.19	0.11	0.09	−0.13
	Sig.	0.59	0.01	0.12	0.21	0.06

资料来源：本研究整理

从表4-4中可以看出，"宜人性"与"仁""智""乐""雅"具有显著的相关性，说明性格特点为"宜人性"的消费者偏好品牌个性为"仁""智""雅""乐"的手机。同理可得出：性格特点为"开放性"的消费者偏好品牌个性为"乐"和"雅"的手机；所有的消费者都不偏好品牌个性为"勇"的手机。而性格特点为"责任感""外向性""情绪稳定性"的消费者则对手机品牌个性无特别的偏好。

品牌个性与大学生消费者人格相关结果见表4-5。

表4-5　品牌个性与大学生消费者人格相关结果汇总表

相关性 品牌个性　　人格特征	责任感	宜人性	开放性	外向性	稳定性
仁	不相关	正相关	不相关	不相关	不相关
智	不相关	正相关	不相关	不相关	不相关
勇	不相关	不相关	不相关	不相关	不相关
乐	不相关	正相关	正相关	不相关	不相关
雅	不相关	正相关	正相关	不相关	不相关

资料来源：本研究整理

　　根据品牌个性与大学生消费者人格相关结果（表4-5）建立的手机品牌个性维度与大学生消费者人格维度的关联模型如图4-2所示。

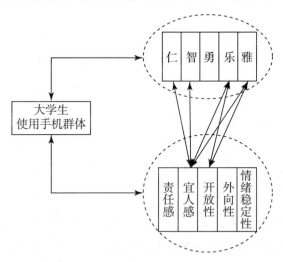

图4-2　手机品牌个性维度与大学生消费者人格维度关联模型

资料来源：本研究整理

　　从图4-2手机品牌个性维度与大学生消费者人格维度关联模型可以明显看到，品牌个性中"仁""智""乐""雅"因素都与人格维度的"宜人性"显著相关，表明人格特征为"宜人性"的大学生消费者喜欢品牌个性"仁""智""乐""雅"的手机品牌；品牌个性中"乐""雅"2个因素都与人格维度的"开放性"显著相关，表明人格特征为"开放性"的大学生消费者喜欢品牌个性"乐""雅"的手机品牌。

　　另外，品牌个性中"勇"因素与人格所有维度都不相关，表明所有的大学生消费者对品牌个性为"勇"的手机品牌没感觉或不敏感；品牌个性中的"仁""智""乐""雅"因素也都与人格维度的"责任感""外向性""情绪稳定性"不相关，表明人格维度为"责任感""外向性""情绪稳定性"的大学生消费者对品牌个性为"仁""智""乐""雅"的手机品牌没感觉或不敏感。

　　综合上述分析可以看出，尽管有一些人格维度为"责任感""外向性""情绪稳定性"的大学生消费者对品牌个性表现出不敏感，但具有"宜人性""开放性"人格维度特征的大学生消费者分别对具有不同品牌个性的手机表现出显著的敏感性,品牌个性与大学生消费者人格的相关性在这里得到了证实,自我概念一致性理论成立。

2. 多元线性回归分析

从Pearson相关系数分析可以看出品牌个性与大学生人格显著正相关,那么这种自我概念一致性对顾客感知价值是否具有相关关系呢?

本研究将运用多元回归分析来验证自我概念一致性对顾客感知价值的影响。

顾客感知价值维度量表分别由服务价值、产品价值、员工价值和形象价值4个因子构成。

为了使研究更加全面、准确和科学,本研究没有直接使用本研究中品牌个性维度与大学生消费者人格维度关联模型中相互关联的"仁""智""乐""雅"4个品牌个性维度因子和"宜人性""开放性"2个大学生消费者人格维度因子直接测量自我概念一致性对顾客感知价值维度"服务价值""产品价值""员工价值"和"形象价值"4个因子的影响,而是以品牌个性的全部15个因子和大学生消费者人格的全部10个因子为自变量,以顾客感知价值维度的4个因子为因变量,回归方法是Stepwise,显著性水平为5%进行测量。这样安排目的是希望通过一次全面性的回归分析检验出品牌个性维度因子和大学生消费者人格维度因子能对顾客感知价值维度因子产生影响的全部关联因子(包括自我价值一致性因子),同时还能同步检验出自我价值一致性因子与全部关联因子之间在对顾客感知价值相关性上存在差异,从而测量出除自我概念一致性关联因子外,在品牌个性维度因子和大学生消费者人格维度因子中是否还有其他因子能够对顾客感知价值直接产生影响。

为了集中探讨问题,在下面的分析中,只给出逐步回归中最后一步的Model Summery表、ANOVA表和Coefficients表,其他统计分析结果见附录9。

（1）品牌个性和大学生消费者人格对服务价值的影响

表4-6　Model Summary——服务价值

Model	R	R Square	Adjusted R Square	Std. Error of the Estimate
3	0.575（c）	0.330	0.320	0.729
4	0.587（d）	0.345	0.331	0.723
5	0.602（e）	0.362	0.346	0.715

c predictors：（constant）、可信赖的、积极的、务实的

d predictors：（constant）、可信赖的、积极的、务实的、爱幻想的

e predictors：（constant）、可信赖的、积极的、务实的、爱幻想的、迫切的

从表4-6中可以看出，在第3步中引入的变量是品牌个性变量"可信赖的""积极的""务实的"3个因子，其复相关系数是0.575，调整相关系数是0.320；在第5步中引入的变量是大学生消费者人格变量"爱幻想的""迫切的"2个因子，其复相关系数是0.602，调整系数是0.346。第5步复相关系数和调整系数均高于第3步的值，可见大学生消费者人格变量的加入有利于拟合优度的提高，从而进一步证明了品牌个性变量通过消费者人格作为中间变量能够对顾客感知价值产生更大的作用，品牌个性与消费者人格的一致性可以提高大学生消费者顾客感知价值的假设得到进一步证实。

表4-7　ANOVA（f）—服务价值

Model		Sum of Squares	df	Mean Square	F	Sig.
5	Regression	55.770	5	11.154	21.806	0.000（e）
	Residual	98.210	192	0.512	—	—
	Total	153.980	197	—	—	—

e predictors：（constant）、可信赖的、积极的、务实的、爱幻想的、迫切的

f dependent variable：服务价值

从表4-7中可以得知，"可信赖的""积极的""务实的""爱幻想的""迫切的"5个变量的整体回归效果表现为显著，$F=21.806$，$P=0.00$，可见学生感知的服务价值是由手机的品牌个性和大学生消费者人格的共同作用而形成的，是大学生消费者人格对手机的品牌个性产生反应的结果，而且这

种反应表现显著。

表4-8 Coefficients（a）—服务价值

Model		Unstandardized Coefficients		Standardized Coefficients	t	Sig.
		B	Std.Error	Beta	B	Std.Error
5	（Constant）	0.172	0.353	—	0.486	0.627
	可信赖的	0.343	0.072	0.345	4.789	0.000
	积极的	0.253	0.068	0.241	3.720	0.000
	务实的	0.176	0.070	0.169	2.523	0.012
	爱幻想的	0.118	0.044	0.164	2.687	0.008
	迫切的	−0.131	0.057	−0.139	−2.286	0.023

a dependent variable: 服务价值

从表4-8中可以看到，"迫切的"这一属于大学生消费者人格中"稳定性"维度的因子回归系数为负值，说明如果大学生消费者人格（个性）过于急躁，那么该消费者对服务价值的感知就会降低，这与消费者在消费过程中的实际情况是相符的。所以，包含"迫切的"因子的消费者人格"稳定性"维度就理所当然地进入不了品牌个性与消费者人格的一致性的范畴之内。

表4-9 服务价值与大学生消费者人格和品牌个性相关系数表

		大学生消费者人格		品牌个性		
		爱幻想的	迫切的	可信赖的	积极的	务实的
服务价值	相关系数	0.0647	−0.0659	0.5204	0.4119	0.3775
	显著性	0.3654	0.3564	0.0000	0.0000	0.0000

资料来源: 本研究整理

从表4-9中可以看出，"爱幻想的""迫切的""可信赖的""积极的""务实的"这5个变量的回归系数在5%的显著性水平下均显著，但是通过分析各个自变量单独与因变量之间的相关关系发现，品牌个性的"可信赖的""积极的""务实的"3个因子与服务价值显著相关；大学生消费者人格中"爱幻想的"和"迫切的"2个因子与服务价值不存在显著的相关关系。

（2）品牌个性和大学生消费者人格对产品价值的影响

表4-10　Model Summary——产品价值

Model	R	R Square	Adjusted R Square	Std. Error of the Estimate
3	0.593（c）	00.352	0.342	0.807

c predictors：（constant）、可信赖的、务实的、积极的

从表4-10可以得知，回归后引入的自变量有3个，即"可信赖的""务实的""积极的"，全部为品牌个性变量，没有大学生消费者人格变量的引入，拟合优度为0.593。

表4-11　ANOVA（d）——产品价值

Model		Sum of quares	df	Mean Square	F	Sig.
3	Regression	68.702	3	22.901	35.152	0.000（c）
	Residual	126.388	194	0.651	—	—
	Total	195.091	197	—	—	—

c predictors：（constant）、可信赖的、务实的、积极的

d dependent variable：产品价值

从表4-11中得知，$F=35.152$，$P=0.00$，显示整体的回归效果是显著的。

表4-12　Coefficients（a）——产品价值

Model		Unstandardized Coefficients		Standardized Coefficients	t	Sig.
		B	Std. Error	Beta	B	Std. Error
3	（Constant）	−0.113	0.333		−0.340	0.734
	可信赖的	0.336	0.081	0.300	4.158	0.000
	务实的	0.296	0.078	0.253	3.789	0.000
	积极的	0.247	0.076	0.208	3.236	0.001

a dependent variable：产品价值

资料来源：本研究整理

表4-10、4-11、4-12的结果显示，大学生消费者所感知的产品价值与

"可信赖的""务实的""积极的"这3个属于品牌个性的因子具有显著的相关关系，产品价值与这3个因子的Pearson相关系数是显著的。结合实际，"可信赖的""务实的""积极的"也充分体现了消费对象对手机产品价值的追求，表现为"可信赖的""务实的""积极的"品牌个性的手机产品对顾客感知价值中的产品价值具有显著影响。

需要注意的是，在这里没有大学生消费者人格变量的引入，发现品牌个性维度"可信赖的""务实的""积极的"3个因子直接与顾客感知价值中的产品价值产生关联，出现了品牌个性可以不通过消费者人格维度因子的中介作用而直接与顾客感知价值产生关联的研究结果。

表4–13　产品价值与品牌个性相关系数表

		品牌个性		
		务实的	积极的	可信赖的
产品价值	相关系数	0.4500	0.3908	0.5180
	显著性	0.000	0.000	0.000

资料来源：本研究整理

从表4–13中得知，产品价值与品牌价值"可信赖的""务实的""积极的"3个因子的Pearson相关系数显著，说明学生感知的产品价值主要与品牌个性的这3个因子具有显著的相关关系。结合实际，手机性能这一产品价值确实主要由品牌个性体现出来，而"可信赖的""务实的""积极的"也恰恰体现了顾客对手机性能的品牌个性需求。

（3）品牌个性和大学生消费者人格对员工价值的影响

表4–14　**Model Summary**——员工价值

Model	R	R Square	Adjusted R Square	Std. Error of the Estimate
2	.536（b）	0.287	0.280	0.830

b predictors：（constant），可信赖的，气派的

从表4–14可得知，回归后引入的自变量有2个，分别是"可信赖的""气派的"，全部为品牌个性变量，没有大学生消费者人格变量的引入，拟合优度为0.536。

表4-15 ANOVA（c）——员工价值

Model		Sum of Squares	df	Mean Square	F	Sig.
2	Regression	54.132	2	27.066	39.277	0.000（b）
	Residual	134.378	195	0.689	—	—
	Total	188.510	197	—	—	—

b predictors:（constant），可信赖的, 气派的

c dependent variable: 员工价值

表4-16 Coefficients（a）——员工价值

Model		Unstandardized Coefficients		Standardized Coefficients	t	Sig.
.		B	Std. Error	Beta	B	Std. Error
2	（Constant）	0.667	0.293	—	2.279	0.024
	可信赖的	0.493	0.069	0.448	7.195	0.000
	气派的	0.206	0.062	0.205	3.299	0.001

a dependent variable: 员工价值

表4-15和表4-16的结果显示：员工价值与"可信赖的""气派的"这两个因子具有显著的相关关系，而这两个因子均属于品牌个性维度。同时，员工价值与这两个品牌个性因子的Pearson相关系数是显著的，可见大学生消费者所感知的品牌手机所属的企业形象主要与手机品牌本身的个性相关，而与大学生消费者的个性无必然的关联。这再一次印证了品牌个性与顾客感知价值具有直接关联的研究结果。

表4-17 员工价值与品牌个性相关系数表

		品牌个性	
		气派的	可信赖的
员工价值	相关系数	0.313	0.497
	显著性	0.000	0.000

资料来源：本研究整理

从表4-17中可以看到，员工价值与"气派的""可信赖的"2个品牌个性

因子的Pearson相关系数比较显著，说明大学生消费者感知的员工价值主要与品牌个性"气派的""可信赖的"这2个因子具有比较显著的相关关系。

结合实际，员工价值确实是由品牌个性体现出来，而"气派的""可信赖的"也恰恰体现了顾客对员工价值的品牌个性需求。

（4）品牌个性和大学生消费者人格对形象价值的影响

表4-18　Model Summary——形象价值

Model	R	R Square	Adjusted R Square	Std. Error of the Estimate
3	0.535（c）	0.286	0.275	0.854

c predictors：（constant），可信赖的, 体面的, 新颖的

从表4-18得知，回归后引入的自变量有3个，即"可信赖的""体面的""新颖的"，全部为品牌个性变量，没有大学生消费者人格变量的引入，拟合优度为0.535。

表4-19　ANOVA（d）——形象价值

Model		Sum of Squares	df	Mean Square	F	Sig.
3	Regression	56.641	3	18.880	25.873	0.000（c）
	Residual	141.567	194	0.730	—	—
	Total	198.207	197	—	—	—

c predictors：（constant），可信赖的, 体面的, 新颖的

d dependent variable：形象价值

表4-20　Coefficients（a）——形象价值

Model		Unstandardized Coefficients		Standardized Coefficients	t	Sig.
		B	Std. Error	Beta	B	Std. Error
3	（Constant）	0.566	0.320	—	1.772	0.078
	可信赖的	0.447	0.074	0.396	6.063	0.000
	体面的	0.160	0.078	0.148	2.061	0.041
	新颖的	0.130	0.064	0.139	2.020	0.045

a dependent variable：形象价值

表4-21 形象价值与品牌个性相关系数表

		品牌个性		
		可信赖的	体面的	新颖的
形象价值	相关系数	0.483	0.355	0.303
	显著性	0.000	0.000	0.000

资料来源：本研究整理

表4-18、4-19、4-20的结果显示，大学生消费者所感知的形象价值与"可信赖的""体面的""新颖的"这3个属于品牌个性的因子具有显著的相关关系；表4-21显示形象价值与"可信赖的""体面的""新颖的"这3个品牌个性因子的Pearson相关系数是显著的，体现了接受本次问卷调查的大学生消费者对手机品牌形象价值的追求，同时再次印证了品牌个性不经过消费者人格的中介作用而对顾客感知价值具有直接影响的研究成果。

在这里需要指出的是，"新颖的"属于品牌个性"勇"的范畴。

在前面论述中，已经证明品牌个性中"勇"因素与消费者人格中的所有维度都不相关，表明具有各种人格特征的大学生消费者对品牌个性为"勇"的手机品牌都没有感觉或不敏感，但在这里却出现了"勇"维度中"新颖的"因子与品牌形象价值具有显著的相关关系。这种情况表明，一方面是品牌个性通过与消费者人格的一致性可以增强与顾客感知价值的关联和影响，同时也可以不通过与消费者人格的关联而直接与顾客感知价值产生关联和影响；另一方面有可能是本次测量使用的人格量表存在问题，或者使用的问卷题项语义不清，导致测量数据出现问题。鉴于时间因素，这个问题放在后续研究中留意并择机加以验证解决。

综合上述分析，品牌个性和消费者人格对顾客感知价值的影响结果如表4-22所示。

表4-22　品牌个性和消费者人格对顾客感知价值的影响结果汇总表

相关性　　　　顾客 　　　　　感知价值 品牌个性 与消费者人格		产品 价值	服务 价值	人员 价值	形象 价值
仁	平和的2	不相关	不相关	不相关	不相关
仁	和谐的3	不相关	不相关	不相关	不相关
仁	务实的4	正相关	正相关	不相关	不相关
智	专业的5	不相关	不相关	不相关	不相关
智	可信赖的6	正相关	正相关	正相关	正相关
智	沉稳的7	不相关	不相关	不相关	不相关
勇	果断的8	不相关	不相关	不相关	不相关
勇	动感的9	不相关	不相关	不相关	不相关
勇	新颖的10	不相关	不相关	不相关	正相关
乐	积极的11	正相关	正相关	不相关	不相关
乐	酷的12	不相关	不相关	不相关	不相关
乐	时尚的13	不相关	不相关	不相关	不相关
雅	有品位的14	不相关	不相关	不相关	不相关
雅	体面的15	不相关	不相关	不相关	正相关
雅	气派的16	不相关	不相关	正相关	不相关
责任感	果断的17	不相关	不相关	不相关	不相关
责任感	自制的18	不相关	不相关	不相关	不相关
宜人性	礼貌的19	不相关	不相关	不相关	不相关
宜人性	大方的20	不相关	不相关	不相关	不相关
开放性	爱幻想的21	不相关	不相关	不相关	不相关
开放性	追求新奇的22	不相关	不相关	不相关	不相关
外向性	乐观的23	不相关	不相关	不相关	不相关
外向性	开朗的24	不相关	不相关	不相关	不相关
稳定性	迫切的25	不相关	负相关	不相关	不相关
稳定性	易分心的26	不相关	不相关	不相关	不相关

资料来源：本研究整理

（5）不同手机品牌的消费者感知价值回归分析比较

对不同手机品牌的顾客感知价值进行回归分析比较，可以检验品牌个性和大学生消费者人格各因子对不同手机品牌的顾客感知价值，进一步检测能够对顾客感知价值产生影响的品牌个性和大学生消费者人格维度因子，从而对本研究的假设是否成立提供理论依据。

由于问卷返回的结果显示手机品牌的分布不均匀，其中，品牌1手机占44%；品牌2手机占14%；品牌3手机占13%；品牌4手机占10%；品牌5手机占9%；其他品牌手机占10%。因此，针对不同品牌间的比较分析，选择品牌1手机和品牌5手机进行对比分析将会获得比较大的差异性。

以下为对品牌1手机和品牌5手机的顾客感知价值与品牌个性和大学生消费者人格进行回归分析的结果，如表4-23、表4-24所示（为了便于比较，这里只给出回归分析中最后一步的回归系数表，详细结果见附录9）。

表4-23　品牌1手机回归系数表

Coefficients（a）

Model		Unstandardized Coefficients		Standardized Coefficients	t	Sig.
		B	Std. Error	Beta	B	Std. Error
3	（Constant）	0.037	0.504	—	0.074	0.941
	可信赖的	0.295	0.101	0.258	2.910	0.004
	务实的	0.344	0.109	0.261	3.142	0.002
	积极的	0.250	0.096	0.222	2.610	0.010

a dependent variable: 手机性能

Coefficients（a）

Model		Unstandardized Coefficients		Standardized Coefficients	t	Sig.
		B	Std. Error	Beta	B	Std.Error
3	（Constant）	0.336	0.416	—	0.808	0.421
	可信赖的	0.364	0.088	0.351	4.128	0.000

续表

Model		Unstandardized Coefficients		Standardized Coefficients	t	Sig.
	积极的	0.267	0.085	0.262	3.131	0.002
	大方的	0.166	0.074	0.175	2.252	0.026

a dependent variable：*服务价值*

Coefficients（*a*）

Model		Unstandardized Coefficients		Standardized Coefficients	t	Sig.
		B	Std. Error	Beta	B	Std. Error
4	（Constant）	−0.100	0.515	—	−0.195	0.846
	可信赖的	0.358	0.097	0.316	3.670	0.000
	果断的_A	0.222	0.086	0.203	2.587	0.011
	有品位的	0.216	0.099	0.174	2.186	0.031
	积极的	0.201	0.096	0.180	2.099	0.038

a dependent variable：*企业形象*

Coefficients（*a*）

Model		Unstandardized Coefficients		Standardized Coefficients	t	Sig.
		B	Std. Error	Beta	B	Std. Error
2	（Constant）	1.551	0.413	—	3.759	0.000
	可信赖的	0.345	0.094	0.318	3.682	0.000
	时尚的	0.201	0.076	0.228	2.638	0.009

a dependent variable：*品牌形象*

资料来源：*本研究整理*

表4-24　品牌5手机回归系数表

Coefficients（a）

Model		Unstandardized Coefficients		Standardized Coefficients	t	Sig.
		B	Std.Error	Beta	B	Std. Error
3	（Constant）	1.096	0.541	—	2.027	0.048
	积极的	0.332	0.131	0.331	2.541	0.014
	可信赖的	0.298	0.119	0.323	2.514	0.015
	迫切的	−0.206	0.095	−0.237	−2.181	0.034

a dependent variable：手机性能

Coefficients（a）

Model		Unstandardized Coefficients		Standardized Coefficients	t	Sig.
		B	Std. Error	Beta	B	Std. Error
2	（Constant）	0.448	0.380	—	1.177	0.245
	专业的	0.404	0.105	0.457	3.834	0.000
	积极的	0.274	0.108	0.302	2.530	0.015

a dependent variable：服务价值

Coefficients（a）

Model		Unstandardized Coefficients		Standardized Coefficients	t	Sig.
		B	Std. Error	Beta	B	Std. Error
4	（Constant）	1.953	0.510	—	3.830	0.000
	体面的	0.442	0.098	0.529	4.525	0.000
	专业的	0.445	0.105	0.479	4.225	0.000
	乐观的	−0.335	0.104	−0.331	−3.218	0.002
	气派的	−0.371	0.119	−0.366	−3.116	0.003

a dependent variable：企业形象

Coefficients（*a*）

Model		Unstandardized Coefficients		Standardized Coefficients	*t*	Sig.
		B	Std. Error	Beta	B	Std. Error
4	（Constant）	0.849	0.581	—	1.462	0.150
	体面的	0.278	0.093	0.322	2.998	0.004
	酷的	0.323	0.084	0.359	3.840	0.000
	乐观的	0.299	0.098	0.285	3.045	0.004
	和谐的	0.316	0.116	0.290	2.731	0.009

a dependent variable：品牌形象

资料来源：本研究整理

对上述回归结果的分析：

在产品价值方面，大学生消费者感知的品牌1手机的性能与"可信赖的""务实的""积极的"3个因子显著相关，且这3个因子均属于品牌个性，说明"可信赖的""务实的""积极的"品牌个性增加了大学生消费者对品牌1手机性能的感知；大学生消费者感知的品牌5手机的性能与"积极的""可信赖的""迫切的"3个因子显著相关，前2个因子属于品牌个性，"迫切的"属于大学生消费者人格且回归系数为负，说明性格比较急躁的大学生消费者对品牌5手机性能的感知会降低。这个结果比较符合品牌5手机的特征和实际购买情境。该手机的操作系统相对于其他手机无论是输入文字还是打开软件速度都有些缓慢，性格急躁的人会产生抱怨，顾客感知价值就会降低。

在服务价值方面，大学生消费者感知的品牌1手机的服务价值与"可信赖的""积极的""气派的"3个因子显著相关，其中"气派的"为大学生消费者人格，说明性格随和大方的大学生消费者对服务价值的感知会比较高；大学生消费者感知的品牌5手机的服务价值与"专业的""积极的"2个因子显著相关，这2个因子均属于品牌个性。

在员工价值方面，大学生消费者感知的品牌1手机的企业形象与"可信赖的""果断的_A（注：品牌个性与大学生消费者人格中都有'果断的'，为了便于区分，在SPSS中将大学生消费者人格中的'果断的'改为'果断的_A'）""有品位的""积极的"4个因子显著相关，其中"果断的_A"为大学生消费者人格，说明性格较为果断的大学生消费者认为品牌1手机的企业形象与自己的性格较为相符，因而增加了对该品牌企业形象的感知；大学生消费者感知的品牌5手机的企业形象与"体面的""专业的""乐观的""气派的"4个因子显著相关，其中"气派的"回归系数为负，说明大学生消费者有可能认为品牌5手机的企业形象并非"气派的"而是"体面的"或其他个性等；"乐观的"属于大学生消费者人格且回归系数为负，说明性格"乐观的"大学生消费者不偏好品牌5手机，认为品牌5手机的企业形象与自己的个性不符，当然也可能与接受本次问卷的样本有关。

在形象价值方面，大学生消费者感知的品牌1手机的品牌形象与"可信赖的""时尚的"2个因子显著相关，说明品牌1手机在大学生消费者心目中树立的品牌形象为"可信赖的""时尚的"，这与实际中该品牌手机具有的较高的市场占有率、值得信赖的质量和紧随潮流的外观以及产品不断创新等特点相符；大学生消费者感知的品牌5手机的品牌形象与"体面的""酷的""乐观的""和谐的"4个因子显著相关，说明品牌5手机在大学生消费者心目中树立的品牌形象为"体面的""酷的""和谐的"，这与实际中的品牌5手机具有时尚整洁的外观和颇受年轻一族喜爱等特点相符；而"乐观的"属于大学生消费者人格且回归系数为负，说明性格乐观的大学生消费者对品牌5手机的品牌形象感知较低，当然这一结果也可能与接受本次问卷调查的人数和调查范围有关。

从上述分析可以看出，大学生消费者对于不同手机品牌的感知价值存在明显差异，体现了不同的品牌手机在树立自己的品牌个性或是在顾客心目中形成的品牌形象方面存在着明显差异。这个研究结果可以为企业建立和完善品牌培育系统时提供一定的借鉴，企业必须培育符合目标消费者群体人格特征的品牌个性和品牌形象，才能提高顾客满意度，进而提升营销绩效。

此外，研究结果显示，自我概念一致性作为中间变量可以显著提升大学生消费者对品牌个性的感知价值，但也发现品牌个性因子可以不通过自我概念一致性因子而单独对顾客感知价值维度因子直接产生影响，并非完全符合当初提出的品牌个性必须经由消费者人格这个中间变量才能对顾客感知价值产生影响的研究假设，这说明品牌个性对顾客感知价值的影响存在着二重性：一方面是品牌个性通过自我概念一致性的中介作用可以强化对顾客感知价值的影响；另一方面是品牌个性也可以不通过自我概念一致性作为中介而直接对顾客感知价值产生影响，表现了消费者人格中复杂性的一面。

不同手机品牌的顾客感知价值回归分析得出的结果如表4-25、4-26所示。

表4-25 对品牌1手机的顾客感知价值回归分析结果

相关性 顾客感知价值 品牌个性与消费者人格		产品价值	服务价值	人员价值	形象价值
仁	平和的2	不相关	不相关	不相关	不相关
	和谐的3	不相关	不相关	不相关	不相关
	务实的4	正相关	不相关	不相关	不相关
智	专业的5	不相关	不相关	不相关	不相关
	可信赖的6	正相关	正相关	正相关	正相关
	沉稳的7	不相关	不相关	不相关	不相关
勇	果断的8	不相关	不相关	不相关	不相关
	动感的9	不相关	不相关	不相关	不相关
	新颖的10	不相关	不相关	不相关	不相关
乐	积极的11	正相关	正相关	正相关	不相关
	酷的12	不相关	不相关	不相关	不相关
	时尚的13	不相关	不相关	不相关	正相关

续表

相关性 顾客 感知价值 品牌个性 与消费者人格		产品 价值	服务 价值	人员 价值	形象 价值
雅	有品位的14	不相关	不相关	正相关	不相关
	体面的15	不相关	不相关	不相关	不相关
	气派的16	不相关	不相关	不相关	不相关
责任感	果断的17	不相关	不相关	正相关	不相关
	自制的18	不相关	不相关	不相关	不相关
宜人性	礼貌的19	不相关	不相关	不相关	不相关
	大方的20	不相关	正相关	不相关	不相关
开放性	爱幻想的21	不相关	不相关	不相关	不相关
	追求新奇的22	不相关	不相关	不相关	不相关
外向性	乐观的23	不相关	不相关	不相关	不相关
	开朗的24	不相关	不相关	不相关	不相关
稳定性	迫切的25	不相关	不相关	不相关	不相关
	易分心的26	不相关	不相关	不相关	不相关

资料来源：本研究整理

表4-26 对品牌5手机的顾客感知价值回归分析结果

相关性 顾客 感知价值 品牌个性 与消费者人格		产品 价值	服务 价值	人员 价值	形象 价值
仁	平和的2	不相关	不相关	不相关	不相关
	和谐的3	不相关	不相关	不相关	正相关
	务实的4	正相关	不相关	不相关	不相关

续表

相关性 品牌个性 与消费者人格	顾客 感知价值	产品 价值	服务 价值	人员 价值	形象 价值
智	专业的5	不相关	正相关	正相关	不相关
	可信赖的6	正相关	不相关	不相关	不相关
	沉稳的7	不相关	不相关	不相关	不相关
勇	果断的8	不相关	不相关	不相关	不相关
	动感的9	不相关	不相关	不相关	不相关
	新颖的10	不相关	不相关	不相关	不相关
乐	积极的11	正相关	正相关	不相关	不相关
	酷的12	不相关	不相关	不相关	显著正相关
	时尚的13	不相关	不相关	不相关	不相关
雅	有品位的14	不相关	不相关	不相关	不相关
	体面的15	不相关	不相关	正相关	正相关
	气派的16	不相关	不相关	负相关	不相关
责任感	果断的17	不相关	不相关	不相关	不相关
	自制的18	不相关	不相关	不相关	不相关
宜人性	礼貌的19	不相关	不相关	不相关	不相关
	大方的20	不相关	不相关	不相关	不相关
开放性	爱幻想的21	不相关	不相关	不相关	不相关
	追求新奇的22	不相关	不相关	不相关	不相关
外向性	乐观的23	不相关	不相关	负相关	负相关
	开朗的24	不相关	不相关	不相关	不相关
稳定性	迫切的25	负相关	不相关	不相关	不相关
	易分心的26	不相关	不相关	不相关	不相关

资料来源：本研究整理

综合以上表4-5、表4-22、表4-25、表4-26的分析检验结论，对修正后的所有假设的检验结果汇总如表4-27所示。

表4-27 假设检验结果汇总表

编号	假设内容	检验结果
H1	品牌个性与大学生消费者人格正相关	成立
H1-1a	"仁"与"责任感"显著相关	不成立
H1-1b	"仁"与"宜人性"显著相关	成立
H1-1c	"仁"与"开放性"显著相关	不成立
H1-1d	"仁"与"外向性"显著相关	不成立
H1-1e	"仁"与"稳定性"显著相关	不成立
H1-2a	"智"与"责任感"显著相关	不成立
H1-2b	"智"与"宜人性"显著相关	成立
H1-2c	"智"与"开放性"显著相关	不成立
H1-2d	"智"与"外向性"显著相关	不成立
H1-2e	"智"与"稳定性"显著相关	不成立
H1-3a	"勇"与"责任感"显著相关	不成立
H1-3b	"勇"与"宜人性"显著相关	不成立
H1-3c	"勇"与"开放性"显著相关	不成立
H1-3d	"勇"与"外向性"显著相关	不成立
H1-3e	"勇"与"稳定性"显著相关	不成立
H1-4a	"乐"与"责任感"显著相关	不成立
H1-4b	"乐"与"宜人性"显著相关	成立
H1-4c	"乐"与"开放性"显著相关	成立
H1-4d	"乐"与"外向性"显著相关	不成立
H1-4e	"乐"与"稳定性"显著相关	不成立
H1-5a	"雅"与"责任感"显著相关	不成立
H1-5b	"雅"与"宜人性"显著相关	成立
H1-5c	"雅"与"开放性"显著相关	成立
H1-5d	"雅"与"外向性"显著相关	不成立
H1-5e	"雅"与"稳定性"显著相关	不成立
H2	自我概念一致性与顾客感知价值显著相关	成立
H2-1	自我概念一致性与产品价值显著相关	成立

续表

编号	假设内容	检验结果
H2-2	自我概念一致性与服务价值显著相关	成立
H2-3	自我概念一致性与人员价值显著相关	成立
H2-4	自我概念一致性与人员价值显著相关	成立

资料来源：本研究整理

第四节　优化的顾客感知价值模型

从上述资料分析可见，品牌个性维度通过与消费者人格维度的相关因子对顾客感知价值具有显著影响，有些影响呈显著正相关，有些影响呈显著负相关。其中，消费者人格作为中间变量进一步强化了品牌个性对顾客感知价值的影响；此外，品牌个性维度不通过消费者人格作为中间变量也能对顾客感知价值维度直接产生影响，且表现出显著正相关关系。

根据研究结果，本研究建立了基于手机品牌个性和大学生消费者人格的优化后的顾客感知价值影响机理模型，如图4-3所示。

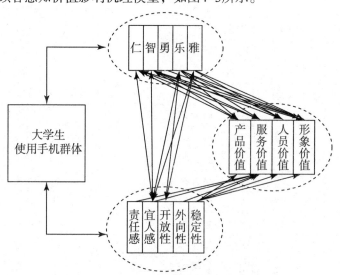

图4-3　优化后的顾客感知价值影响机理模型

资料来源：本研究整理

第五节　本章小结

本章就测量结果获得的资料进行了项目分析，结果除了17题（人格部分"果断的"）外，t值均大于1.6153，表明有显著差异。

整份量表的题目可以全部保留。

本研究以内部一致性系数为各分量表进行检验，由于大部分题目带有较多的主观因素，故采用主观题目的信度分析公式进行计算，所得各分量表的Cronbach α值均具有良好的信度。

本量表以主轴法（principal axis method）抽取因素，并以方差最大正交旋转法（varimax）进行因素转轴，经上述分析后，大部分的题目都落在了量表设置预定的五个因素中。

本研究的命题是：品牌个性与大学生消费者人格显著相关，该类相关因子对顾客感知价值显著相关。本研究即通过对品牌个性、消费者人格和顾客感知价值各维度的子维度所包含的因子进行分析，若各因子之间存在显著相关，则各子维度之间即存在显著相关，则各维度之间也存在显著相关。

本研究运用Pearson相关系数法对品牌个性"仁""智""勇""乐""雅"5个维度下各三个题项的得分取平均值作为其得分，然后与大学生消费者人格的5个维度求Pearson相关系数，结果显示，品牌个性中"仁""智""乐""雅"因素都与人格维度的"宜人性"显著相关，表明人格特征为"宜人性"的大学生消费者喜欢品牌个性"仁""智""乐""雅"的手机品牌；品牌个性中"乐""雅"2个因素都与人格维度的"开放性"显著相关，表明人格特征为"开放性"的大学生消费者喜欢品牌个性"乐""雅"的手机品牌。

另外，品牌个性中"勇"因素与大学生消费者人格所有维度都不相关，表明所有的大学生消费者对品牌个性为"勇"的手机品牌没有感觉或不敏感；品牌个性中的"仁""智""乐""雅"因素也都与人格维度的"责任感""外向性""稳定性"不相关，表明人格维度为"责任感""外向性""稳定性"的大学生消费者对品牌个性为"仁""智""乐""雅"的手机品牌没感觉或不敏感。

综合上述分析可以看到，品牌个性维度与大学生消费者人格维度的相关性即自我概念一致性在这里得到了证实，自我概念一致性理论成立。

本研究运用多元回归分析来验证自我概念一致性对顾客感知价值的影响，即以品牌个性维度的15个因子和大学生消费者人格维度的10个因子为自变量，以顾客感知价值维度的服务价值、产品价值、员工价值、形象价值4个因子为因变量，回归方法是Stepwise，显著性水平为5%，进行了回归分析：

（1）在自我概念一致性对产品价值的影响方面，回归后引入 "可信赖的""务实的""积极的" 3个品牌个性自变量，没有大学生消费者人格变量的引入。结果显示，大学生消费者感知的产品价值与这3个品牌个性因子具有显著的相关关系。

（2）在自我概念一致性对服务价值的影响方面，发现大学生消费者人格变量的加入有利于拟合优度的提高。品牌个性的"可信赖的""务实的""积极的"3个变量与服务价值显著相关；大学生消费者人格的2个中间变量与服务价值不存在相关关系。

此外，"迫切的"这一大学生消费者人格的回归系数为负，说明大学生消费者如果过于急躁的话，他对服务价值的感知就会降低，这个结果与实际购买与感知过程相符。

（3）在自我概念一致性对员工价值的影响方面，显示员工价值与"可信赖的""气派的"这两个品牌个性因子具有显著的相关关系，大学生消费者所感知的品牌手机的品牌形象主要与手机品牌本身的个性相关，而与大学生消费者人格无明显关联。

（4）在自我概念一致性对形象价值的影响方面，在没有大学生消费者人格变量的引入的条件下，显示大学生消费者所感知的品牌形象价值与"可信赖的""体面的""新颖的"这3个属于品牌个性的因子具有显著的相关关系；"可信赖的""体面的""新颖的"体现了接受本次问卷调查的大学生消费者对手机品牌形象的追求。

　　为了检验不同品牌手机的品牌个性与大学生消费者人格各相关因子对顾客感知价值的影响，进一步检测能够对顾客感知价值产生影响的品牌个性和大学生消费者人格维度因子，为本研究假设是否成立提供论证依据，本研究对大学生消费者对品牌1手机和品牌5手机的顾客感知价值也进行了回归分析比较。

　　研究结果显示，大学生消费者对于不同手机品牌的感知价值存在着明显差异，体现了不同品牌手机在树立自己的品牌个性或是在顾客心目中形成的品牌形象方面存在着明显差异。这个研究结果可以为企业建立和完善品牌培育系统时提供一定的借鉴，企业可以自主设计和培育符合目标消费者群体人格特征的品牌个性和品牌形象，最大限度地提高目标消费者群体的顾客感知价值，进而提升顾客满意度。

　　研究结果还显示，在自我概念一致性作为中间变量可以显著提升大学生消费者对品牌个性的感知价值的同时，品牌个性因子也可以不通过自我概念一致性因子而直接对顾客感知价值维度因子产生影响，并非完全如当初提出的品牌个性必须经由消费者人格这个中间变量才能对顾客感知价值产生影响的研究假设。

　　本章最后对所有假设及研究结果进行汇总，在综合所有成立的假设条件及研究结果的基础上，构建出了优化后的自我概念一致性对顾客感知价值的影响机理模型。

第五章　结论与建议

通过前面对样本资料的分析，已经证明本研究提出的假设成立：

（1）品牌个性与大学生消费者人格显著相关；

（2）自我概念一致性与顾客感知价值显著相关。

另外，本研究单独对品牌个性维度各因子不经过消费者人格这个中间变量而直接与顾客感知价值维度各因子的相关性进行了测试，得出了品牌个性与顾客感知价值显著相关的研究结果。

第一节　研究成果讨论

1.本研究在对品牌个性理论和人格理论进行回顾和评价的基础上，运用中国的品牌个性维度量表和"大五"人格量表，以大学生消费者对品牌手机的消费为研究对象，构建了品牌个性和人格维度测量量表。在多次预测和修正问卷的基础上，对所选样本进行了测量。本次测量对品牌个性的"仁""智""勇""乐""雅"5个项目下各3个题目的得分取平均值作为其得分，然后与大学生消费者人格的"责任感""宜人性""开放性""外向性""稳定性"5个项目求Pearson相关系数，得到的结果为："宜人性"与"仁""智""雅""乐"显著相关；"开放性"与"雅"和"乐"显著相关；而性格特点为"责任感"、"外向性"、"稳定性"的样本对手机品牌个性则无特别偏好；所有的样本都不偏好品牌个性为"勇"的手机。以上结果证明品牌个性与大学生消费者人格具有显著相关性，在此基础上建立了品牌个性维度与大学生消费者人格维度一致性关联模型，从而验证了假设

H1：品牌个性与大学生消费者人格显著相关。

自我概念一致性在这里得到了进一步证实，自我概念一致性理论成立。

2.本研究在全面探讨自我概念一致性理论和顾客感知价值理论的基础上，运用多元回归分析来验证自我概念一致性对顾客感知价值的影响，即以品牌个性维度的15个因子和大学生消费者人格维度的10个因子作为自变量，以顾客感知价值维度的产品价值、服务价值、人员价值和形象价值4个因子作为因变量，回归方法是Stepwise，显著性水平为5%进行了回归分析：

（1）在自我概念一致性对产品价值的影响方面，回归后引入的自变量为"可信赖的""务实的""积极的"，结果显示大学生消费者感知的产品价值与品牌个性这3个因子具有显著的相关关系。

需要指出的是，在这里并没有引入消费者人格这个中间变量，出现了品牌个性不经过大学生消费者人格作为中间变量可以直接对顾客感知价格产生影响的研究结果。

（2）在自我概念一致性对服务价值的影响方面，发现大学生消费者人格变量的加入有利于拟合优度的提高。品牌个性的"可信赖的""务实的""积极的"3个因子与服务价值显著相关。这个结果表明大学生消费者感知的服务价值是由手机的品牌个性对大学生消费者人格产生作用的结果，且这种作用是十分显著的，证明品牌个性经过自我概念一致性可以进一步提高顾客感知价值。

此外，研究结果显示，大学生消费者人格的"宜人性""开放性"2个因子与服务价值不存在相关关系；"迫切的"这一大学生消费者人格因子的回归系数为负，说明大学生消费者的个性如果过于急躁，那么他对服务价值的感知就会降低，这与市场营销实践中的实际购买和消费者感知过程相符。

（3）在自我概念一致性对员工价值的影响方面，显示员工价值与"可信赖的""气派的"2个品牌个性因子具有显著的相关关系，大学生消费者所感知的品牌手机的品牌形象主要与手机品牌本身的个性相关，而与大学生消费者人格无明显关联。这里再次出现了品牌个性不经过大学生消费者人格可以直接对顾客感知价格产生影响的研究结果。

（4）在自我概念一致性对形象价值的影响方面，在没有大学生消费者人格变量引入的条件下，显示大学生消费者所感知的品牌形象价值与"可信赖的""体面的""新颖的"3个属于品牌个性的因子具有显著的相关关系；"可信赖的""体面的""新颖的"体现了接受本次问卷调查的大学生消费者对手机品牌形象的追求。在这里第三次出现了品牌个性不经过大学生消费者人格而直接对顾客感知价值产生影响的研究结果。

为了检验不同品牌手机的品牌个性与大学生消费者人格各相关因子对顾客感知价值的影响，进一步检测了对顾客感知价值产生影响的品牌个性和大学生消费者人格维度因子，为本研究假设是否成立提供论证依据，本研究对大学生消费者对品牌1手机和品牌5手机的顾客感知价值进行了回归分析比较。

在产品价值方面，学生感知的品牌1手机性能与"可信赖的""务实的""积极的"3个因子显著相关；学生感知品牌5手机性能与"积极的""可信赖的""迫切的"3个因子显著相关，其中"迫切的"回归系数为负，说明性格比较急躁的学生对品牌5手机性能的感知价值会降低。

在服务价值方面，学生感知的品牌1手机的服务价值与"可信赖的""积极的""大方的"3个因子显著相关；学生感知的品牌5手机的服务价值与"专业的""积极的"2个因子显著相关，这两个因子均属于品牌个性。

在员工价值方面，学生感知的品牌1手机的企业形象与"可信赖的""果断的_A""有品位的""积极的"4个因子显著相关，学生感知的品牌5手机的企业形象与"体面的""专业的""乐观的""气派的"4个因子显著相关，其中"气派的""乐观的"回归系数为负值，表明大学生消费者不认可品牌4手机的员工价值与"气派的""乐观的"品牌个性具有关联。

在形象价值方面，学生感知的品牌1手机的品牌形象与"可信赖的"，"时尚的"2个因子显著相关；学生感知的品牌5手机的品牌形象与"体面的""酷的""乐观的""和谐的"4个因子显著相关。而"乐观的"回归系数为负值。

可以看出，本研究假设的目的是从品牌个性与大学生消费者人格的一致性入手，推导出这两个维度中的相关因子，以期进一步探讨该类相关因子对顾客感知价值维度4个因子的影响。从得到的研究结果来看，品牌个性通过消费者人格作为中间变量可以明显提升顾客感知价值，从而验证了假设H2成立，即自我概念一致性与顾客感知价值显著相关。

3. 研究结果显示，自我概念一致性作为中间变量可以显著提升大学生消费者对品牌个性的感知价值，但品牌个性因子也可以不通过自我概念一致性因子而直接对顾客感知价值维度因子产生影响，超出了研究初期提出的品牌个性经由消费者人格这个中间变量对顾客感知价值产生影响的研究假设范畴，这个结果说明品牌个性对顾客感知价值的影响路径存在着二重性：一方面，品牌个性通过自我概念一致性的中介作用可以进一步强化对顾客感知价值的影响；另一方面，品牌个性也可以不通过自我概念一致性而直接对顾客感知价值产生影响。

这个结果在前面文献述评中曾经论及。比如罗杰斯认为自我概念是一个多维度、多层次、复杂的心理系统。他将个体的自我分为现实自我和理想自我两个部分。现实自我（或真实自我）指个体对自己在与环境相互作用中表现出来的综合的现实状况和实际行为的意识，是真实存在的自我；理想自我是指个体意念中有关自己的理想化形象，是个体最希望成为的人。个体认知到的真实自我和理想自我之间存在着一定的差异；J.Aaker（1999）的研究曾经警告，应该把现实自我与理想自我严格区别开来；Sirgy（1982）也认为消费者在一般情况下往往会选择和使用具有与自己实际的自我概念（真实的自己）相一致的品牌个性的产品，但在某些情况下，消费者可能会根据理想自我概念（自己怎样看自己）或者他人自我概念（他人怎样看自己）而不是客观展示出来的实际的自我形象来选择和购买与真实自我概念不一致的品牌产品。

由此看来，消费者对品牌产品的选择心理会出现两种不同的情况：

（1）从自身的自我概念出发来选择和购买品牌产品

这种情况是购买者从自身的角度出发为自己选择和购买品牌产品。一般分为两种状况：

一种状况是购买者从现实自我或真实的自我概念出发为自己选择和购买品牌产品，即购买者根据自己目前的真实现状来选择适合自己的品牌产品。这种选择方式本质一般是经济条件受限导致的消费者的"无奈之举"，但却是消费者在当前经济条件下真实的消费行为，也是本研究假设的基本前提。本研究的研究流程、研究假设以及后来的问卷设计、分析都是以购买者从真实自我出发选择品牌产品这个前提进行设计和实施的，并且得出了品牌个性与消费者人格具有相关性即自我价值一致性理论成立的研究结果。

另一种状况是购买者从理想自我或希望的自我概念出发来选择和购买品牌产品，即购买者根据自身理想化的形象或"最希望成为的人"来选择适合理想自我的品牌产品。在经济条件不受限制的情况下，这种购买行为才是消费者真实购买意愿的反映。本研究在问卷设计阶段已经注意到这个问题，在问卷第一部分让填答者选择"现在使用的手机品牌"和"理想的手机品牌"，目的就是让填答者注意界定二者的界线。

（2）从他人的自我概念出发来选择和购买品牌产品

这种情况是指购买者从他人的角度出发来选择和购买品牌产品。一般也分为两种状况：

一种状况是按着"他人怎样看自己"来选择和购买自己使用的品牌产品，即以为他人心目中的自己是怎么样的，从而迎合他人来选择和购买自己使用的品牌产品。这种选择方式反映了购买者是从自己以为的他人的自我概念，而不是从自身的自我概念出发来选择自己使用的品牌产品，从而导致了消费者（购买者）自我和产品品牌个性的分离，出现了自我概念不一致的结果。

另一种状况是按着"自己怎样看他人"来选择品牌产品。这种状况往往出现在个体为他人选购品牌产品的情境下，即个体心目中的他人是什么样子的，依照自己对他人的认知来为他人选择和购买品牌产品。从而导致了消费者（而非购买者）自我和品牌个性的分离，出现了自我概念不一致的结果。

从上述研究结果和消费者购买实践来看，从他人的自我概念出发来选择和购买品牌产品是客观存在的，对这种选择和购买方式进行测量就会出现 以下两个结果：

第一，品牌个性与消费者自我（人格）不相关，即自我概念不一致；

第二，消费者自我（人格）与顾客感知价值不相关。

这个研究结果就很好地诠释了有些产品广告虽然被消费者评为最差广告但产品生命力却很顽强、营销效果反而突出的现象，反映了消费者在品牌个性认知上存在着多个视角，这种现象既与消费者现实自我和理想自我的认知有关，也与自致和他致的购买情境有关，更与品牌产品的购买者同使用者分离有关，是品牌产品购买者在为使用者选择符合使用者人格的品牌产品，是一种常见的购买情境，这为我们后续深化自我概念一致性的研究提供了一个新的切入角度。

第二节　研究结论

本研究首先使用较大篇幅对现有的品牌个性维度及其测量工具、消费者人格维度及其测量工具和顾客感知价值维度及其测量工具进行了综合述评；在文献述评的基础上，运用中国的品牌个性维度量表以及"大五"人格量表，以大学生消费者对品牌手机的购买和消费行为作为研究对象，在经过多次预测和修正的基础上，构建了品牌个性和消费者人格测量量表；经正式问卷调查，在经过严谨的统计分析获得准确数据的基础上，建立了品牌个性维度与大学生消费者人格维度的关联模型，验证了假设H1：品牌个性与大学生消费者人格显著相关；接着运用多元回归分析来验证品牌个性、自我概念一致性对顾客感知的影响，建立了品牌个性与消费者人格的一致性因子同顾客感知价值维度相关因子之间的关联模型，从而验证了假设H2：自我概念一致性与顾客感知价值显著相关。

同时，为了更加全面地检验品牌个性对顾客感知价值的影响机理，本研究专门进行了品牌个性不经过自我概念一致性而直接与顾客感知价值产生影响的回归分析，得到了品牌个性同顾客感知价值显著相关的研究结果。

综上，本研究已经完成了预设的研究流程及数据分析，得到了两个假设全部成立的研究结果，达到了预期的研究目的，而且还得出了品牌个性可以不经过自我概念一致性的中介作用而直接对顾客感知价值产生影响的研究结果并分析了原因。

本研究的最终结论为：

（1）品牌个性与大学生消费者人格显著相关；

（2）自我概念一致性与顾客感知价值显著相关；

（3）品牌个性与顾客感知价值显著相关。

第三节 管理意涵

本研究在对品牌个性维度、消费者人格维度和顾客感知价值模型及其测评体系进行综合述评的基础上，运用相关管理理论，采取系统建构方法，构建了品牌个性维度、消费者人格维度同顾客感知价值维度之间的关联模型，阐明了品牌个性对顾客感知价值的影响机理，将研究结论运用到管理实践中，则具有一定的理论指导意义和实际操作意义。

1. 品牌个性是品牌产品向外展示出来的质量与性能特征，它使一个本没有生命的产品人性化，表现着一个品牌产品与其他品牌产品之间的差异性。结合消费者的人格特征进行科学准确的品牌定位与品牌形象设计，是企业实施品牌战略、提高顾客感知价值、获得差异化竞争优势的必由之路。

2. 品牌个性与消费者人格具有显著的关联性，即自我概念一致性理论成立。

品牌个性是在品牌定位的基础上创造出来的人格化和个性化的品牌形象，与消费者人格中特有的人生观、价值观与消费观紧密相连；自我概念一致性可以提高品牌个性对顾客感知价值的影响。这就要求企业在进行品牌定位时，要注意把品牌个性特征与消费者人格特征进行高度、有效的关联，尤其要严格把握自我概念一致性对顾客感知价值的影响因素，努力促进顾客感知价值的提高。

3.品牌个性与顾客感知价值显著相关。

进一步把握品牌个性不经过消费者人格的中介作用而直接对顾客感知价值产生影响的两类四种情境，积极、主动地把握消费者会从自身的自我概念（现实自我和理想自我）和他人的自我概念（"他人怎样看自己"和"自己怎样看他人"）等不同情境出发来选择和购买品牌产品的规律，采取积极的营销策略提升顾客感知价值，进而提高营销绩效。

（1）当消费者从自身的自我概念出发来选择和购买品牌产品时，要把握好两种状况：

第一，部分消费者根据自己当前的真实需求（基于自己实际购买能力的考虑）来选择、购买适合自己的品牌产品。这种购买行为其实是消费者受到限制的购买意愿的反映，但却是消费者真实的消费能力的表现。这种状况要求企业在进行品牌产品的营销策划时，要根据目标顾客的现实需求制定灵活的、能够满足其现实需要的产品策略和价格策略。

第二，购买者根据对自身理想化的形象或最希望成为的人来选择、购买适合理想自我的品牌产品。在经济条件不受限制的情况下，这种理想化的购买行为是消费者真实购买意愿的反映。这种情况要求企业在进行品牌产品的营销策划时，要根据目标顾客的理想化需求来制定精准的、能够满足其精神需要的产品策略和价格策略。

（2）当消费者从他人的自我概念出发来选择和购买品牌产品时，一般也要把握好两种状况：

第一，按着"他人怎样看自己"即自认为他人心目中的自己是怎么样的，从而迎合他人对自己的认知来选择自己使用的品牌产品，反映了购买者是从自己以为的他人的自我概念而不是从自身的自我概念出发来选择自己使用的品牌产品。

第二，按着"自己怎样看他人"来选择和购买品牌产品。这种购买行为往往出现在个体为他人选购产品的情境下，即个体心目中的他人是什么样的，按着自己对他人的认知来为他人选择产品品牌。

从营销实践来看，个体从他人的自我概念出发来为他人选择和购买品牌产品的消费行为是经常性的客观存在，这种状况会出现前述较为复杂、不好预测的消费需求和购买行为，会形成消费者自我和品牌个性的分离，导致自我概念不一致的测量结果。这就需要我们在进行品牌建设和产品营销时要充分了解消费者的真正需求和购买目的，做好促销和沟通工作，努力提高顾客感知价值。

4. 将该研究成果推而广之，可以为企业进行品牌培育及制定品牌策略提供更加深入的理论依据和系统的决策模型，为企业决策者、管理咨询专家和品牌顾问提供更加专业、系统的服务，指导企业以自我概念一致性理论建立和完善品牌培育系统，通过培育符合典型消费者人格的具有鲜明个性特征的品牌形象，进一步提高顾客感知价值和顾客满意度，进而提高营销绩效。

第四节　主要贡献

本研究是在总结、借鉴国内外许多研究成果的基础上开展的实证研究，在综述和评价前人研究成果的同时，对理论推导和实验测试得出的结果进行了一些理论归纳和拓展，主要体现在以下几个方面：

1. 本研究以大学生对品牌手机的消费为研究对象，运用实证研究方法，探讨了品牌个性与大学生消费者人格的相关性及其对顾客感知价值的影响，提出了品牌个性是消费者人格作用于品牌形象的结果的论断。

2. 本研究对品牌个性与消费者人格的相关性即自我概念一致性的研究属于验证性的研究；以自我概念一致性对顾客感知价值的相关性研究属于开创性研究，该研究突破了先前研究只单纯研究个别变量维度构成的局限，构建出品牌个性—消费者人格—顾客感知价值关联模型，提出了新的顾客感知价值测量的视角，使顾客感知价值的测量可以通过品牌个性和消费者人格相关性的维度来分析和整理相关资料，为企业品牌培育及品牌策略制定提供了一个更加深入系统的理论依据和参照模型。

3. 本研究得出了品牌个性可以不经过消费者人格的中介作用而直接对顾客

感知价值产生影响的结论，解释了产生这种现象的两类四种状况，揭示了消费者在品牌个性选择上存在着的两类四种情境，为后续研究提出了新的选题视角。

4. 本研究成果可以指导企业进一步建立和完善品牌培育系统，通过培育符合典型消费者人格的具有鲜明个性特征的品牌形象，进一步提高顾客感知价值和顾客满意度，进而提高营销绩效。

第五节　研究限制

本研究在理论推导和实证研究上力求科学和严谨，但由于多方面的原因，使得研究受到一些限制，主要体现在以下几个方面。

1. 理论方面限制

（1）目前还未查找到有价值的研究品牌个性和消费者人格相关理论及其对顾客满意产生影响与贡献的研究文献。对于品牌个性、人格和顾客感知价值的分析采用中国的品牌个性维度量表、"大五"模型和科特勒顾客感知价值模型进行本次测量研究，由于综合运用几类模型同时进行测量的资料极少，尚未发现研究成功的先例，故本研究受限于上述三个模型的理论覆盖范围和局限。

（2）由于人格维度过于抽象，其组成信度相对较低，应该在后续的实证研究中，对人格量表作出进一步的修正、改进和探索。

2. 方法方面限制

（1）限于客观条件，本研究只能采用横断面资料调研法，即对总体资料的收集集中在一个较短的时间段上。虽然采用了结构方程模型等方法来构建因果模型，但缺少纵向研究的支持，因此无法对概念模型各个潜变量的因果关系作出完全肯定的结论。

（2）本研究采用实证分析方法，在搜集研究数据时，主要通过调查问卷方式获取消费者在填答问卷时的想法和意见。由于消费者对某一品牌产品的感知可能与接受测量时特定的环境和氛围有关，因此在特定时间、特定地点得到的测量数据是否具有真实性和有效性、是否在较长的一段时间内具有稳定性和一致性，尚需进一步探讨。

（3）Goldberg（1990）认为在衡量人格特质时，应交由受测者身边的亲友来填答才较为客观，受测者自我衡量时往往会因主观的偏见而产生误差。但本研究考虑实际抽样执行上的困难，仍采用主观认知的方式交由大学生进行自我测量，因此可能存在自我衡量的主观性。

（4）对于品牌个性、顾客感知价值方面的研究，一般都采用问卷法、访谈法、实验法、时间序列法、观察法、测试法等，定量分析相对较少。本研究尝试做了定量分析，很难找到前人成熟的分析路径和分析方法供作比照和参考。

（5）关于中国品牌个性维度及量表的研究成果较少，且尚未有学界普遍认可的结论，而依据西方的"大五"模型进行本土化研究又未得到跨文化使用成功的验证。因此，本研究的结论仅具有探索性意义和提供一个思考问题的视角，尚不宜做过度推广。

3. 样本方面限制

（1）由于受研究时间和研究空间的限制，本研究仅以吉林大学珠海学院大三年级三个教学班作为抽取样本，所抽取的样本范围、样本数量有限，从某种程度上限制了该研究的信度，且研究结果能否推广到其他地区，还有待进一步证实。

（2）本研究所选择的研究对象——品牌手机在使用类别上过于集中个别品牌，影响了其他手机品牌个性的测量，导致测量出来的手机品牌个性范围比较狭窄，在一定程度上影响了研究结果的精确性和代表性。

（3）所选择的样本均为没有收入的在校大学生，受经济状况限制，其所选择和购买的品牌产品并不完全是自己真实购买意愿的反映，影响了消费者人格和品牌个性关系测量的准确性。

4. 其他方面限制

（1）被测试者对品牌的熟悉程度和喜爱程度可能会影响测试结果。

（2）直接采用国外测试模型和量表测量可能会给国内被测试者造成文化上、理解上的障碍。

（3）测量结果可能受样本受测时特定情境的影响，利用课间20分钟发放、填答、回收问卷，时间略显仓促，测量的稳定性和一致性有待商榷。

第六节 后续研究建议

顾客感知价值是消费者行为领域研究的热点和重点，品牌形象和顾客感知价值更是营销学者和企业家们关注的焦点。本文探究了品牌个性与消费者人格的相关性对顾客感知价值的影响，在研究过程中遇到了一些问题尚待进一步深入研讨：

1. 本研究是以消费者消费的品牌手机作为实证对象，研究消费者个性对顾客感知价值的影响机理，虽然得出了比较有意义的结论，但是并没有针对这些结论进行跨行业的效度检验，因此，虽然本研究结果可以为手机行业提供参考，但若用于其他领域，尚需进行深入的实证研究。在不同的行业中检验模型才能有效地改善模型，使之成为普遍的规律。

2. 本研究得出了品牌个性可以不经过消费者人格的中介作用而直接对顾客感知价值产生影响的结论，表现出消费者在品牌个性选择上存在着二重性，为后续的品牌个性理论研究提供了一个新的选题角度。

3. 就研究对象而言，本研究仅以在校大学生作为受测者，只选了品牌手机一个产品类别，范围较为狭窄。在后续的研究中，可以比较不同类型的消费者在不同类别品牌产品的使用情境下对顾客感知价值产生影响的差异性。

4. 由于学界对顾客感知价值驱动因素的维度构成尚无定论，下步研究可以从不同的视角探讨品牌个性与顾客感知价值的关系，甚至可以从跨学科的角度扩展和丰富顾客感知价值驱动因素的研究。

5. 更具普遍性的、关于中国品牌个性的构成模型和适合中国人特点的人格测量模型的构建研究也是今后努力的方向。

本研究所获得的一些结论是初步的、探索性的，今后还可就上述研究建议进行更加深入系统的研讨。

参考文献

中文部分

[1] 白长虹. 西方的顾客价值研究及其实践启示 [J]. 南开管理评论, 2001 (2)：51–55.

[2] 白长虹, 范秀成, 甘源. 基于顾客感知价值的服务企业品牌管理 [J]. 外国经济与管理, 2002, 24 (2)：7–13.

[3] 白长虹, 廖伟. 基于顾客感知价值的顾客满意研究 [J]. 南开学报, 2001 (6)：14–20.

[4] 白琳, 陈析. 顾客感知价值驱动因素研究新进展 [J]. 外国经济与管理, 2006, 28 (7)：39–45.

[5] 白琳, 陈圻. 西方顾客感知价值探测方法评介 [J]. 外国经济与管理, 2007 (2)：24–30.

[6] 崔红, 王登峰. 中国人人格结构的确认与形容词评定 [J]. 心理与行为研究, 2003 (2)：89–95.

[7] 崔红. 中国人人格的词汇学研究与形容词评定量表的建立 [D]. 北京：北京大学, 2002.

[8] 成海清. 顾客价值驱动因素剖析 [J]. 软科学, 2007, 21 (2)：48–59.

[9] 陈少华, 郑雪. 人格特质对意识提取和无意识提取影响的实验研究 [J]. 心理学探新, 2006 (2)：12–18.

[10] 董大海, 汪克艳. 西方的顾客满意测量模式研究述评 [J]. 科学学与科学技术管理, 2004 (1)：92–96.

[11] 董大海, 权小妍, 曲晓飞. 顾客价值及其构成 [J]. 大连理工大学学报, 1999

（2）：18-20.

[12]董津津.保健品的品牌形象对顾客感知价值影响的实证研究［D］.大连：东北财经大学，2016.

[13]杜漪，董丹.顾客价值测量属性的界定研究［J］.商场现代化，2008（5）：114.

[14]范绪泉，甘碧群.顾客感知价值矩阵研究［J］.学术研究，2004（5）：32-36.

[15]何佳讯，丛俊滋."仁和"与"时新"中国市场中品牌个性评价的关键维度及差异分析——以一个低涉入品类为例［J］.华东师范大学学报（哲学社会科学版），2008（5）：82-89.

[16]黄胜兵，卢泰宏.品牌个性维度的本土化研究［J］.南开管理评论，2003（1）：4-9

[17]江林，袁宏福.基于个性的顾客感知价值研究［J］.中国市场营销导刊，2009（2）：22-28.

[18]江林，袁宏福.服务企业的顾客感知价值及其决定因素研究［J］.南开管理评论，2003（4）：34-36.

[19]焦丽娜.顾客感知价值的维度及其影响的实证研究［J］.无锡商业职业技术学院学报，2008（3）：4-7.

[20]蒋贤海.人格特质与顾客感知价值关系的实证研究［D］.厦门：厦门大学，2009.

[21]李怀祖.管理研究方法论［M］.西安：西安交通大学出版社，2005.

[22]刘兵.品牌个性对感知价值的影响——兼国内外品牌对应分析［D］.上海：上海财经大学，2007.

[23]刘研，仇向洋.顾客价值理论综述［J］，现代管理科学，2005（5）：82-84.

[24]庞隽.品牌个性及与消费者个性之间的相关关系［D］.北京：北京大学，2003.

[25]苏金明，傅荣华，周建斌.统计软件SPSS for Windows实用指南［M］.北京：电子工业出版社，2001.

[26]王碧英，高口光，凌文升.当代大学生消费者人格特质研究［J］.理论与改革，2004（3）：48-51.

[27] 王登峰. 人格特质研究的大五因素分类 [J]. 心理学动态, 1994 (1): 34-41.

[28] 王登峰, 方林, 左衍涛. 中国人人格的词汇研究 [J]. 心理学报, 1995 (4): 400-406.

[29] 王登峰, 崔红. 中国人人格量表 (QZPS) 的编制过程与初步结果 [J]. 心理学报, 2003, 35 (1): 127-136.

[30] 王登峰, 崔红. 解读中国人的人格 [M]. 北京: 社会科学文献出版社, 2005.

[31] 王登峰, 崔红. 编制中国人人格量表 (QZPS) 的理论构想 [J]. 北京大学学报, 2001 (6): 48-54.

[32] 王锡秋. 顾客价值及其评估方法研究 [J]. 南开管理评论, 2005 (8): 31-34

[33] 袁宏福. 品牌个性的顾客感知价值研究 [D]. 北京: 中国人民大学, 2008.

[34] 吴统雄. 态度与行为研究的信度与效度: 理论、应用、反省 [J]. 民意学术专刊, 1985, 29-53.

[35] 吴明隆. SPSS统计应用实物: 问卷分析与应用统计 [M]. 北京: 科学出版社, 2003.

[36] 杨传卫, 王咏. 心理词汇法在品牌人格研究中的应用 [J]. 心理科学进展, 2009 (2): 460-466.

[37] 余可发. 品牌个性及其结构维度理论研究 [J]. 上海市经济管理干部学院学报, 2007 (2): 24-28.

[38] 张俊妮, 江明华, 庞隽. 品牌个性与消费者个性相关关系的实证研究 [J]. 经济科学, 2005 (6): 103-112.

[39] 张智勇, 王登峰. 论人格特质的 "大七" 因素模型 [J]. 心理科学, 1997 (1): 48-51.

[40] 朱正浩, 刘丁已, 章翰. 品牌个性、消费者自我形象和购买意愿关联性的实证研究——以台师市汽车业为例 [J]. 改革与战略, 2008, 24 (9): 62-65.

[41] 周世玉, 陈麒文, 张为诗. 人格特质与品牌个性关系之研究——以运动鞋产品为例 [J]. 中华管理学报, 2005, 5 (3): 1-16.

英文部分

[1] Aaker J. Dimensions of brand personality [J]. Journal of Marketing Research, 1997(8): 347–356.

[2] Aguirre-Rodrigucz A, Bosnjak M, Singy M J. Moderators of the self-congruity effect on consumer decision-making: a meta-analysis [J]. Journal of Business Rescarch. 2012, 65(8): 1179–1188.

[3] Jamal A, AlMarri M. Exploring the effect of self-image congruence and brand preference on satisfaction: the role of expertise [J]. Journal of Marketing Management, 2007, 23(7–8): 613–629.

[4] Allport G W, Odhert H S. Trait-names: a psycho-lexical study [J]. Psychological Monographs, 1936, 47(1): 1–171.

[5] Becker P. Beyond the Big Five [J]. Personality and Individual Differences, 1999, 26: 511–530.

[6] Block J. A contrarian view of the five-factor approach to personality description [J]. Psychological Bulletin, 1995, 17(2): 87–215.

[7] Benet V, Walle N G. The big seven factor model of personality description: evidence for its crosscultural generality in a Spanish sample [J]. Journal of Personality and Social Psychology, 1995, 69(4): 701–718.

[8] Bentler P M, Bonett D G. Significant tests and goodness of fit in the analysis of covariance structures [J]. Psychological Bulletin, 1980, 88(3): 588–606.

[9] Berry J W. On cross-cultural comparability [J]. International Journal of Psychology, 1969, 4(2): 119–128.

[10] Church A. Personality in a non-western culture: The Philippines [J]. Psychological Bulletin, 1987, 102(1).

[11] Di Bias L, Forzi M. An alternative taxonomic study of personality-descriptive adjectives in the Italian language [J]. European Journal of Personality, 1998, 12(2): 75–101.

[12] Digman J M. Higher-order factors of the Big Five [J]. Journal of Personality

and Social Psychology, 1997, 23: 1246–1256.

[13] Dolich I. Congruence relationship between self image and product brands [J].
Journal of Marketing Research, 1969, 6 (2): 80–84.

[14] Donald W H, Emelda L W. Winning the Battle For Your Customer [J]. The
Journal of Consumer Marketing, 1985, 2 (4): 65–76.

[15] Durgee J F. Commentary understanding brand personality [J]. Journal of
Consumer Marketing, 1985, 5–15.

[16] Eagly A H, Chaiken S. The psychology of attitudes [M]. Fort Worth,
TX: Harcourt Brace Jovanovich, 1993.

[17] Etter W L. Attitude theory and decision theory: Where is the common ground
[J]. Journal of Marketing Research, 1977, 12 (12): 481.

[18] Eysenek H J. Genetic and environmental contributions to individual
differences: The three major dimensions of personality [J]. Joumal of
Personality, 1990, 58 (1): 245–261.

[19] Fishbein M. Readings in attitude theory and measurement [M]. New York:
Wiley, 1967.

[20] Goldberg L R. Standards markers of the big five factor structure [M]. The
Netherlands, Groningen, 1959.

[21] Goldberg L R. The structure of nphcnotypic personality traits [M]. America
Psychologist, 1993.

[22] Grubb E, Harrisson L. Consumer self–concept, symbolism and market
behaviour: a theoretical approach [J]. Journal of Marketing, 1967, 31 (10):
22–27.

[23] Baumgartner H. "Toward a personology of the consumer", Journal of
Consumer Research [J]. 2002, 29: 286–292.

[24] Ibrahim H, Najjar F. Assessing the effects of self–congruity, attitudes
and customer satisfaction on customer behavioural intentions in retail

environment [J]. Marketing Intelligence & Planning, 2013, 26 (2): 207–227.

[25] Olson K R. Engagement and self-control: Superordinate dimensions of Big Five traits [J]. Personality and Individual Differences, 2005, 38: 1689–1700.

[26] Paunonen S V, Ashton M C. Customer satisfaction with services: put perceived value into the equation Big Five Factors and Facets and The Predicition of Behavior [J]. Journal of Personality and Social Psychology, 2001, 81–85.

[27] Sirgy M J. Self-concept in consumer behaviour: a critical review [J]. Journal of Consumer Rescarch, 1982, 9 (3): 287–300.

[28] Steiger J H. Structural model evaluation and modification: an interval estimation method [J]. Multivariate Behavioral Research, 1990, 25: 173–180.

[29] Sweeney J C, Soutar G N. Consumer perceived value: the development to a multiple item scale [J]. Journal of Retailing, 2001, 77 (2): 203–220.

[30] Zinkhan G M, Hong J W. Self concept and advertising effectiveness: a conceptual model of congruency conspicuousness, and response mode [J]. Advances in Consumer Research, 1991, 18 (1): 348–354.

附　　录

附录1　提请专家征求意见的调查问卷

尊敬的专家、老师：

以下是我的科研论文《品牌个性对顾客感知价值的影响机理及对策研究》的调查问卷。您是国内本领域的知名专家，烦请您在百忙之中帮我审查一下该问卷的设计是否可行。

谢谢！

调查问卷（征求意见稿）

同学您好！

这是一份关于品牌个性和大学生人格关联程度对顾客感知价值影响的调查问卷。目的是通过您对手机产品的购买和消费愿望，调查了解品牌个性特征与大学生消费者人格特征的相关程度对顾客感知价值的影响。本问卷仅供学术研究之用，无记名填答，所有内容均不涉及您的个人信息及消费情况，请您放心作答。您的意见对于本次调查的结果非常重要，为了获得您的直观的感性的意见，请您凭直觉认真快速地填答。

本问卷共分四个部分。

第一部分　您的基本资料

请选出符合您的情况的数位填在后面答案的横线上。

一、您的性别为

　　1. 男；2. 女。

答案：_____

二、您平均每月可以支配的资金（含伙食费）为

　　1. 500元以下；2. 500至1000元；3. 1000至1500元

　　4. 1500至2000元；5. 2000至3000元；6. 3000元以上

答案：_____

三、您最喜欢的手机品牌为

　　1. 华为；2. 三星；3. 苹果；4. vivo；5. oppo；

　　6. 小米；7. 其他（请注明）_____。

答案：_____

四、您现在使用的手机品牌为

　　1. 华为；2. 三星；3. 苹果；4. vivo；5. oppo；

　　6. 小米；7. 其他（请注明）_____。

答案：_____

五、您购买手机的资金来源是

　　1. 亲属馈赠；2. 朋友资助；3. 自己攒钱；

　　4. 勤工俭学；5. 其他_____

答案：_____

第二部分　品牌个性调查题

请将您现在使用的手机品牌假想成是一个您熟悉的人，根据您对"他（或她）"的直觉印象，在下列45个形容词的不同程度的语义中，选出你认为符合"他（或她）"的个性特征的对应数位，并将该对应数字填写在后面答案的空格内。

序号	个性形容词	语义程度					答案
		非常不同意	同意	一般	不同意	非常同意	
1	平和的	1	2	3	4	5	
2	环保的	1	2	3	4	5	
3	和谐的	1	2	3	4	5	
4	仁慈的	1	2	3	4	5	
5	家庭的	1	2	3	4	5	
6	温馨的	1	2	3	4	5	
7	经济的	1	2	3	4	5	
8	正直的	1	2	3	4	5	
9	有义气的	1	2	3	4	5	
10	忠诚的	1	2	3	4	5	
11	务实的	1	2	3	4	5	
12	勤奋的	1	2	3	4	5	
13	专业的	1	2	3	4	5	
14	权威的	1	2	3	4	5	
15	可信赖的	1	2	3	4	5	
16	专家的	1	2	3	4	5	
17	领导者	1	2	3	4	5	
18	沉稳的	1	2	3	4	5	
19	成熟的	1	2	3	4	5	
20	负责任的	1	2	3	4	5	
21	严谨的	1	2	3	4	5	
22	创新的	1	2	3	4	5	
23	有文化的	1	2	3	4	5	
24	勇敢的	1	2	3	4	5	
25	威严的	1	2	3	4	5	

序号	个性形容词	语义程度					答案
		非常不同意	同意	一般	不同意	非常同意	
26	果断的	1	2	3	4	5	
27	动感的	1	2	3	4	5	
28	奔放的	1	2	3	4	5	
29	强壮的	1	2	3	4	5	
30	新颖的	1	2	3	4	5	
31	粗犷的	1	2	3	4	5	
32	欢乐的	1	2	3	4	5	
33	吉祥的	1	2	3	4	5	
34	乐观的	1	2	3	4	5	
35	自信的	1	2	3	4	5	
36	积极的	1	2	3	4	5	
37	酷的	1	2	3	4	5	
38	时尚的	1	2	3	4	5	
39	高雅的	1	2	3	4	5	
40	浪漫的	1	2	3	4	5	
41	有品位的	1	2	3	4	5	
42	体面的	1	2	3	4	5	
43	气派的	1	2	3	4	5	
44	有魅力的	1	2	3	4	5	
45	美丽的	1	2	3	4	5	

第三部分　大学生消费者人格特征调查题

请您根据下列各组具有相反语义倾向的形容词，选出认为符合您本人个性特征的数位填在后面答案的空格内。这些数字的大小仅表明性格趋向，没有褒义和贬义之分，请如实作答。

组别	问题及答案参考数字	答案
1	你平常与人交往时的行为倾向一般表现为 被动拘谨 1　2　3　4　5 主动积极	
2	你平时与人交流时的表述方式经常是 含蓄委婉 1　2　3　4　5 心直口快	
3	为自己制定了明确的目标以后，你往往是 易变放弃 1　2　3　4　5 执着努力	
4	你为人处事的风格为 我行我素 1　2　3　4　5 严谨自制	
5	当你的利益与别人利益出现冲突时，你一般表现为 自私势利 1　2　3　4　5 诚信豁达	
6	你与亲属、朋友、同学深入交往的惯常作风是 坚持原则 1　2　3　4　5 情感渗透	
7	在与人交往过程中你往往表现为 愚钝刻板 1　2　3　4　5 机敏随和	

第四部分　顾客感知价值调查题

请根据您现在所使用的品牌手机的具体情况，选出符合您本人情况的数位填在后面答案的横线上。

一、您现在所使用的品牌手机的购买时间为

　　1.半年内；2.半年至一年；3.一年至两年；4.两年至三年；5.三年以上

　　　　　　　　　　　　　　　　　　　　答案：_____

二、您现在所使用的品牌手机出现故障的时间为

　　1.购买三月之内；2.购买半年之内；3.购买一年之内；

　　4.购买二至三年；5.从来没有故障

　　　　　　　　　　　　　　　　　　答案_____

三、您现在所使用的品牌手机的维修次数为

　　1.四次以上；2.三次；3.两次；4.一次；5.从没维修过

　　　　　　　　　　　　　　　　　　答案：_____

四、和目前市场上其他同价位的手机相比，您对现在所使用的品牌手机的通

话功能是否满意

1. 很不满意；2. 不满意；3. 一般；4. 满意；5. 非常满意

答案：＿＿＿＿＿

五、和目前市场上其他同价位的手机相比，您对现在所使用的品牌手机的短
信功能是否满意

1. 很不满意；2. 不满意；3. 一般；4. 满意；5. 非常满意

答案：＿＿＿＿＿

六、和目前市场上其他同价位的手机相比，您对现在所使用的品牌手机的附
加功能是否满意

1. 很不满意；2. 不满意；3. 一般；4. 满意；5. 非常满意

答案：＿＿＿＿＿

七、和目前市场上其他同价位的手机相比，您对现在所使用的品牌手机的外
形设计是否满意

1. 很不满意；2. 不满意；3. 一般；4. 满意；5. 非常满意

答案：＿＿＿＿＿

八、和目前市场上其他同价位的手机相比，您对现在所使用的品牌手机的颜
色是否满意

1. 很不满意；2. 不满意；3. 一般；4. 满意；5. 非常满意

答案：＿＿＿＿＿

九、和目前市场上其他同价位的手机相比，您对现在所使用的品牌手机的款
式是否满意

1. 很不满意；2. 不满意；3. 没感觉；4. 满意；5. 非常满意

答案：＿＿＿＿＿

十、您对现在所使用的品牌手机的售前服务是否满意

1. 很不满意；2. 不满意；3. 没感觉；4. 满意；5. 非常满意

答案：＿＿＿＿＿

十一、您对现在所使用的品牌手机销售时的服务是否满意

1. 很不满意；2. 不满意；3. 没感觉；4. 满意；5. 非常满意

答案：＿＿＿＿＿

十二、您对现在所使用的品牌手机的售后服务是否满意

    1. 很不满意；2. 不满意；3. 没感觉；4. 满意；5. 非常满意

答案：＿＿＿＿＿

十三、您对现在所使用的品牌手机的服务员工的能力是否满意

    1. 很不满意；2. 不满意；3. 没感觉；4. 满意；5. 非常满意

答案：＿＿＿＿＿

十四、您对现在所使用的品牌手机的服务员工的效率是否满意

    1. 很不满意；2. 不满意；3. 没感觉；4. 满意；5. 非常满意

答案：＿＿＿＿＿

十五、您对现在所使用的品牌手机的企业文化是否认同

    1. 很不认同；2. 不认同；3. 没感觉；4. 认同；5. 非常认同

答案：＿＿＿＿＿

十六、您对现在所使用的品牌手机的产品开发能力是否满意

    1. 很不满意；2. 不满意；3. 没感觉；4. 满意；5. 非常满意

答案：＿＿＿＿＿

十七、您对现在所使用的品牌手机的整体管理水平是否满意

    1. 很不满意；2. 不满意；3. 没感觉；4. 满意；5. 非常满意

答案：＿＿＿＿＿

十八、您对现在所使用的品牌手机的价格是否满意

    1. 非常不满意；2. 不满意；3. 一般；4. 满意；5. 非常满意

答案：＿＿＿＿＿

十九、您对现在所使用的品牌手机的销售地点是否满意

    1. 非常不满意；2. 不满意；3. 一般；4. 满意；5. 非常满意

答案：＿＿＿＿＿

二十、您对现在所使用的品牌手机的销售方式是否满意

    1. 非常不满意；2. 不满意；3. 一般；4. 满意；5. 非常满意

答案：＿＿＿＿＿

二十一、您对现在所使用的品牌手机的公关方式是否满意

1. 非常不满意；2. 不满意；3. 一般；4. 满意；5. 非常满意

答案：_____

二十二、您对现在所使用的品牌手机的商标设计是否满意

1. 非常不满意；2. 不满意；3. 一般；4. 满意；5. 非常满意

答案：_____

二十三、您认为您现在所使用的品牌手机的品牌档次属于

1. 非常低档；2. 低档；3. 中档；4. 高档；5. 非常高档

答案：_____

二十四、您对现在所使用的品牌手机的整体质量是否满意

1. 很不满意；2. 不满意；3. 一般；4. 满意；5. 非常满意

答案：_____

二十五、您现在所使用的品牌手机的科技含量如何

1. 非常低；2. 低；3. 一般；4. 高；5. 非常高

答案：_____

二十六、您现在所使用的品牌手机是否时尚

1. 很不时尚；2. 不时尚；3. 一般；4. 时尚；5. 非常时尚

答案：_____

二十七、您现在所使用的品牌手机是否具有个性

1. 很没有个性；2. 没个性；3. 一般；4. 有个性. 5. 非常有个性

答案：_____

非常感谢您的支持与配合，您的这份答卷对本课题的研究十分重要，待本研究结果出来后，将会和您一起分享它的管理学意义。

再次感谢！

附录2　大学生使用手机品牌情况前期调查问卷

大学生使用手机品牌情况前期调查问卷

一、请在符合您的情况的数位上画划"√"

（一）您现在使用的手机品牌为

1. 华为；2. 三星；3. 苹果；4. vivo；5. oppo；6. 小米；

7. 其他（请注明）_____。

（二）您最喜欢的手机品牌为

1. 华为；2. 三星；3. 苹果；4. vivo；5. oppo；6. 小米；

7. 其他（请注明）_____。

二、请将您使用的手机品牌设想成为一个人，根据您对于这个品牌的印象，
在下列45个描述词汇中选出您有感觉的个性特征描述并画上"√"，挑
选个数不限。

"仁" 维度	"智" 维度	"勇" 维度	"乐" 维度	"雅" 维度
1平和的	13专业的	24勇敢的	32欢乐的	39高雅的
2环保的	14权威的	25威严的	33吉祥的	40浪漫的
3和谐的	15可信赖的	26果断的	34乐观的	41有品位的
4仁慈的	16专家的	27动感的	35自信的	42体面的
5家庭的	17领导的	28奔放的	36积极的	43气派的
6温馨的	18沉稳的	29强壮的	37酷的	44有魅力的
7经济的	19成熟的	30新颖的	38时尚的	45美丽的
8正直的	20负责任的	31粗犷的		
9有义气的	21严谨的			
10忠诚的	22创新的			
11务实的	23有文化的			
12勤奋的				

谢谢支持！

附录3　第1次预测问卷

调查问卷

同学您好!

这份问卷是想通过对您购买和使用手机情况的调查,了解品牌个性与消费者人格的相关程度对顾客感知价值的影响。本问卷仅供学术研究之用,所有内容均不涉及您的私人信息,请您放心回答。您的意见对于本次研究非常重要,为了获得您最直观的感受,请您不要过多思考,仅凭直觉认真快速填答即可。非常感谢您的大力支持!

第一部分　请选出符合您情况的手机品牌,将其编号填在后面答案的空格内。

题号	问题及答案参考数字	答案
1	您现在使用的手机品牌是 1.华为;2.三星;3.苹果;4.vivo;5.oppo; 6.小米;7.其他(请注明)_____。	

第二部分　请将您现在使用的手机品牌假想成是一个您熟悉的人,根据您对"他(或她)"的直觉印象,在下列15个形容词中,选出你认为赞同"他(或她)"的个性特征的对应数位填入答案栏的空格内。

题号	个性形容词	赞同程度					答案
		非常不同意	不同意	一般	同意	非常同意	
2	平和的	1	2	3	4	5	
3	和谐的	1	2	3	4	5	
4	务实的	1	2	3	4	5	
5	专业的	1	2	3	4	5	
6	可信赖的	1	2	3	4	5	
7	沉稳的	1	2	3	4	5	
8	果断的	1	2	3	4	5	

续表

题号	个性形容词	赞同程度					答案
		非常不同意	不同意	一般	同意	非常同意	
9	动感的	1	2	3	4	5	
10	新颖的	1	2	3	4	5	
11	积极的	1	2	3	4	5	
12	酷的	1	2	3	4	5	
13	时尚的	1	2	3	4	5	
14	有品位的	1	2	3	4	5	
15	体面的	1	2	3	4	5	
16	气派的	1	2	3	4	5	

第三部分 请您根据下列各组具有相反语义倾向的形容词进行自我评估，选出符合您本人个性特征的数位填入答案栏内。这些数字的大小仅表明性格趋向，没有褒义和贬义之分，请如实作答。

题号	问题及答案参考数字	答案
17	你平常与人交往时的行为倾向一般表现为 被动拘谨 1 2 3 4 5 主动积极	
18	你平时与人交流时的表述方式经常是 含蓄委婉 1 2 3 4 5 心直口快	
19	为自己制定了明确的目标以后，你往往是 随缘调整 1 2 3 4 5 执着努力	
20	你为人处事的风格为 我行我素 1 2 3 4 5 谨言慎行	
21	当你的利益与别人利益出现冲突时，你一般表现为 先己后人 1 2 3 4 5 先人后己	
22	你与亲属、朋友、同学深入交往的惯常作风是 原则导向 1 2 3 4 5 情感导向	
23	在与人交往过程中你往往表现为 迟钝刻板 1 2 3 4 5 机敏随和	

第四部分　根据您目前所使用的品牌手机情况，选出适合您本人情况的数位填在后面答案的空格内。

题号	问题及答案参考数字	答案
24	这个手机是所有手机中质量最好的 1.非常不同意；2.不同意；3.一般；4.同意；5.非常同意	
25	这个手机在所有手机中是功能最全面的 1.非常不同意；2.不同意；3.一般；4.同意；5.非常同意	
26	这个手机是所有手机中外观最时尚的 1.非常不同意；2.不同意；3.一般；4.同意；5.非常同意	
27	这个手机的售前宣传非常到位 1.非常不同意；2.不同意；3.一般；4.同意；5.非常同意	
28	这个手机销售时的介绍非常全面 1.非常不同意；2.不同意；3.一般；4.同意；5.非常同意	
29	这个手机的售后服务非常周到 1.非常不同意；2.不同意；3.一般；4.同意；5.非常同意	
30	这个手机的销售人员训练有素 1.非常不同意；2.不同意；3.一般；4.同意；5.非常同意	
31	这个手机的生产企业是世界一流的 1.非常不同意；2.不同意；3.一般；4.同意；5.非常同意	
32	这个手机的品牌在所有手机中是档次最高的 1.非常不同意；2.不同意；3.一般；4.同意；5.非常同意	
33	这个品牌的手机是所有手机品牌中最适合我的 1.非常不同意；2.不同意；3.一般；4.同意；5.非常同意	

谢谢您的配合，再次感谢！

附录4　第2次预测问卷

调查问卷

同学您好!

这份问卷是想通过对您购买和使用手机情况的调查,了解品牌个性与消费者人格的相关程度对顾客感知价值的影响,研究结果可以指导企业以消费者的个性特征为前提,更好地设计和树立品牌形象。本问卷仅供学术研究之用,所有内容均不涉及您的私人信息,请您放心回答。您的意见对于本次研究非常重要,为了获得您最直观的感受,请您不要过多思考,仅凭直觉认真快速填答即可。非常感谢您的大力支持!

第一部分　请选出符合您情况的手机品牌,将其编号填在后面答案的空格内。

题号	问题及答案参考数字	答案
1	您现在使用的手机品牌是 1.华为; 2.三星; 3.苹果; 4.vivo; 5.oppo; 6.小米; 7.其他(请注明) _____。	

第二部分　请将您现在使用的手机品牌假想成是一个您熟悉的人,根据您对"他(或她)"的直觉印象,在下列15个形容词中,选出你认为赞同"他(或她)"的个性特征的对应数位填入答案栏的空格内。

题号	个性形容词	赞同程度					答案
		非常不同意	不同意	一般	同意	非常同意	
2	平和的	1	2	3	4	5	
3	和谐的	1	2	3	4	5	
4	务实的	1	2	3	4	5	
5	专业的	1	2	3	4	5	
6	可信赖的	1	2	3	4	5	
7	沉稳的	1	2	3	4	5	

题号	个性形容词	赞同程度					答案
		非常不同意	不同意	一般	同意	非常同意	
8	果断的	1	2	3	4	5	
9	动感的	1	2	3	4	5	
10	新颖的	1	2	3	4	5	
11	积极的	1	2	3	4	5	
12	酷的	1	2	3	4	5	
13	时尚的	1	2	3	4	5	
14	有品位的	1	2	3	4	5	
15	体面的	1	2	3	4	5	
16	气派的	1	2	3	4	5	

第三部分　请您根据下列各组具有相反语义倾向的形容词进行自我评估，选出符合您本人个性特征的数位填入答案栏内。这些数字的大小仅表明性格趋向，没有褒义和贬义之分，请如实作答。

题号	问题及答案参考数字	答案
17	与人交往时你往往是态度积极、行为主动 1.非常不同意；2.不同意；3.一般；4.同意；5.非常同意	
18	与人沟通时你往往是心直口快、想啥说啥 1.非常不同意；2.不同意；3.一般；4.同意；5.非常同意	
19	为自己制定了明确的目标以后，你总是坚定执着、不达目的誓不甘休 1.非常不同意；2.不同意；3.一般；4.同意；5.非常同意	
20	在为人处事方面你总是认真仔细、严谨自制 1.非常不同意；2.不同意；3.一般；4.同意；5.非常同意	
21	不论和任何人相处，你总是诚信豁达、谦虚友好 1.非常不同意；2.不同意；3.一般；4.同意；5.非常同意	
22	你是个非常重感情的人，处理问题往往是情感导向而不是原则导向 1.非常不同意；2.不同意；3.一般；4.同意；5.非常同意	
23	在与人交往过程中你往往表现得机智乐观、随和柔顺 1.非常不同意；2.不同意；3.一般；4.同意；5.非常同意	

第四部分 根据您目前所使用的品牌手机情况，选出适合您本人情况的数位填在后面答案的空格内。

题号	问题及答案参考数字	答案
24	这个手机是所有手机中质量最好的 1.非常不同意；2.不同意；3.一般；4.同意；5.非常同意	
25	这个手机在所有手机中是功能最全面的 1.非常不同意；2.不同意；3.一般；4.同意；5.非常同意	
26	这个手机是所有手机中外观最时尚的 1.非常不同意；2.不同意；3.一般；4.同意；5.非常同意	
27	这个手机的售前宣传非常到位 1.非常不同意；2.不同意；3.一般；4.同意；5.非常同意	
28	这个手机销售时的介绍非常全面 1.非常不同意；2.不同意；3.一般；4.同意；5.非常同意	
29	这个手机的售后服务非常周到 1.非常不同意；2.不同意；3.一般；4.同意；5.非常同意	
30	这个手机的销售人员训练有素 1.非常不同意；2.不同意；3.一般；4.同意；5.非常同意	
31	这个手机的生产企业是世界一流的 1.非常不同意；2.不同意；3.一般；4.同意；5.非常同意	
32	这个手机的品牌在所有手机中是档次最高的 1.非常不同意；2.不同意；3.一般；4.同意；5.非常同意	
33	这个品牌的手机是所有手机品牌中最适合我的 1.非常不同意；2.不同意；3.一般；4.同意；5.非常同意	

谢谢您的配合，再次感谢！

附录5　第3次预测问卷

调查问卷

同学您好！

这份问卷是想通过对您购买和使用手机情况的调查，了解品牌个性特征与消费者个性特征的相关程度对顾客感知价值的影响，研究结果可以指导企业以消费者的个性特征为前提，更好地设计和树立品牌形象。本问卷仅供学术研究使用，所有内容均不涉及您的私人信息，请放心回答。您的意见对于本次研究结果非常重要。非常感谢您的大力支持！

第一部分　请在符合您情况的手机品牌上面画"√"

题号	问题及答案参考数字
1	您现在使用的手机品牌是 1.华为；2.苹果；3.vivo；4.oppo；5.小米；6.其他（请注明）_____。

第二部分　用下列15个形容词来形容你现在使用的手机品牌的特征。请根据您的直观感受，确定下列每个形容词对于你现在使用的手机品牌特征的符合程度，并在所对应的数字上面画"√"。

题号	个性形容词	和你手机品牌的符合程度				
		非常不符合	不符合	一般	符合	非常符合
2	平和的	1	2	3	4	5
3	和谐的	1	2	3	4	5
4	务实的	1	2	3	4	5
5	专业的	1	2	3	4	5
6	可信赖的	1	2	3	4	5
7	沉稳的	1	2	3	4	5
8	果断的	1	2	3	4	5
9	动感的	1	2	3	4	5
10	新颖的	1	2	3	4	5
11	积极的	1	2	3	4	5
12	酷的	1	2	3	4	5
13	时尚的	1	2	3	4	5
14	有品位的	1	2	3	4	5
15	体面的	1	2	3	4	5
16	气派的	1	2	3	4	5

第三部分 您是否同意下面对你本人的描述？请在对应的同意程度上画"√"。

题号	问题及同意程度
17	你的性格特点是：活泼好动、善于交友 1.非常不同意；2.不同意；3.一般；4.同意；5.非常同意
18	你的行为特点是：想说就说，想做就做 1.非常不同意；2.不同意；3.一般；4.同意；5.非常同意
19	你做事的特点是：不达目的誓不甘休 1.非常不同意；2.不同意；3.一般；4.同意；5.非常同意
20	你做人的特点是：精打细算，谨小慎微 1.非常不同意；2.不同意；3.一般；4.同意；5.非常同意
21	你做人的原则是：他人优先，宽宏大量 1.非常不同意；2.不同意；3.一般；4.同意；5.非常同意
22	你做事的原则是：情感第一，原则第二 1.非常不同意；2.不同意；3.一般；4.同意；5.非常同意
23	你的交往特点是：反应敏捷，柔顺随和 1.非常不同意；2.不同意；3.一般；4.同意；5.非常同意

第四部分 请根据您对您目前所使用的品牌手机的真实感受，在适合您本人情况的数值上面画"√"

题号	问题及同意程度
24	这个品牌手机的性能在所有手机中是最好的 1.非常不同意；2.不同意；3.一般；4.同意；5.非常同意
25	这个品牌手机的销售服务是所有手机中最好的 1.非常不同意；2.不同意；3.一般；4.同意；5.非常同意
26	这个手机的生产企业是所有手机生产企业中最好的 1.非常不同意；2.不同意；3.一般；4.同意；5.非常同意
27	这个手机品牌是所有手机品牌中最好的 1.非常不同意；2.不同意；3.一般；4.同意；5.非常同意

答卷完毕。再次谢谢您的参与！

附录6　第4次预测问卷

调查问卷

同学您好!

这份问卷是想通过对您使用手机情况的调查，了解品牌个性特征与消费者个性特征的相关程度对顾客感知价值的影响，研究结果可以指导企业以消费者的个性特征为前提，更好地设计和树立品牌形象。本问卷仅供学术研究使用，所有内容均不涉及您的私人信息，请您放心回答。您的意见对于本次研究结果非常重要。非常感谢您的大力支持!

第一部分　请在符合您情况的手机品牌上面画"√"

题号	问题及答案参考数字
1	您现在使用的手机品牌是 1.华为；2..苹果；3.vivo；4.oppo；5.小米；6.其他（请注明）_____。

第二部分　请根据您的直观感受，确定下列15个形容词同你现在使用的手机品牌特征的符合程度，并在所对应的数字上面画"√"。

题号	个性形容词	和你手机品牌的符合程度				
		非常不符合	不符合	一般	符合	非常符合
2	有品位的	1	2	3	4	5
3	和谐的	1	2	3	4	5
4	酷的	1	2	3	4	5
5	专业的	1	2	3	4	5
6	务实的	1	2	3	4	5
7	沉稳的	1	2	3	4	5
8	果断的	1	2	3	4	5
9	气派的	1	2	3	4	5
10	新颖的	1	2	3	4	5

续表

题号	个性形容词	和你手机品牌的符合程度				
		非常不符合	不符合	一般	符合	非常符合
11	积极的	1	2	3	4	5
12	动感的	1	2	3	4	5
13	时尚的	1	2	3	4	5
14	平和的	1	2	3	4	5
15	体面的	1	2	3	4	5
16	可信赖的	1	2	3	4	5

第三部分　请在下列各组选出一个比较适合你行为特征和心理特征的数位打上"√"。假使态度中等，就将"√"打在"3"上。

题号	数字号表						
17	迫切的	5	4	3	2	1	冷静的
18	集体生活的	5	4	3	2	1	个人独处的
19	爱幻想的	5	4	3	2	1	现实的
20	礼貌的	5	4	3	2	1	粗犷的
21	整洁的	5	4	3	2	1	零乱的
22	谨慎的	5	4	3	2	1	自信的
23	乐观的	5	4	3	2	1	悲观的
24	理论的	5	4	3	2	1	实践的
25	大方的	5	4	3	2	1	精细的
26	果断的	5	4	3	2	1	开放的
27	泄气的	5	4	3	2	1	乐观的
28	外显的	5	4	3	2	1	内隐的
29	跟从想象的	5	4	3	2	1	服从权威的

题号	数字号表						
30	热情的	5	4	3	2	1	冷漠的
31	自制的	5	4	3	2	1	易受干扰的
32	易难堪的	5	4	3	2	1	老练的
33	开朗的	5	4	3	2	1	冷淡的
34	追求新奇的	5	4	3	2	1	追求常规的
35	合作的	5	4	3	2	1	独立的
36	喜欢次序的	5	4	3	2	1	适应喧闹的
37	易分心的	5	4	3	2	1	镇静的
38	保守的	5	4	3	2	1	有思想的
39	适于模棱两可的	5	4	3	2	1	适于轮廓清楚的
40	信任的	5	4	3	2	1	怀疑的
41	守时的	5	4	3	2	1	拖延的

第四部分　请根据您对您目前所使用的品牌手机的真实感受，在适合您本人情况的数值上面画"√"

题号	问题及同意程度
42	这个品牌手机的性能在所有手机中是最好的 1.非常不同意；2.不同意；3.一般；4.同意；5.非常同意
43	这个品牌手机的销售服务是所有手机中最好的 1.非常不同意；2.不同意；3.一般；4.同意；5.非常同意
44	这个手机的生产企业是所有手机生产企业中最好的 1.非常不同意；2.不同意；3.一般；4.同意；5.非常同意
45	这个手机品牌是所有手机品牌中最好的 1.非常不同意；2.不同意；3.一般；4.同意；5.非常同意

答卷完毕。

再次谢谢您的支持！

附录7　正式测量问卷

调查问卷

同学您好!

这份问卷是想通过对您使用手机情况的调查,了解品牌个性特征与消费者个性特征的相关程度对顾客感知价值的影响,研究结果可以指导企业以消费者的个性特征为前提,更好地设计和树立品牌形象。本问卷仅供学术研究使用,所有内容均不涉及您的私人信息,请您放心回答。您的意见对于本次研究结果非常重要。非常感谢您的大力支持!

第一部分　请在符合您情况的手机品牌上面划"√"

题号	问题及答案参考数字
1	您现在使用的手机品牌是 1.华为;　2..苹果;　3.vivo;　4.oppo;　5.小米;　6.其他(请注明)_____。

第二部分　请根据您的直观感受,确定下列15个形容词同你现在使用的手机品牌特征的符合程度,并在所对应的数字上面划"√"。

题号	个性形容词	和你手机品牌的符合程度				
		非常不符合	不符合	一般	符合	非常符合
2	有品位的	1	2	3	4	5
3	和谐的	1	2	3	4	5
4	酷的	1	2	3	4	5
5	专业的	1	2	3	4	5
6	务实的	1	2	3	4	5
7	沉稳的	1	2	3	4	5
8	果断的	1	2	3	4	5
9	气派的	1	2	3	4	5
10	新颖的	1	2	3	4	5
11	积极的	1	2	3	4	5

题号	个性形容词	和你手机品牌的符合程度				
		非常不符合	不符合	一般	符合	非常符合
12	动感的	1	2	3	4	5
13	时尚的	1	2	3	4	5
14	平和的	1	2	3	4	5
15	体面的	1	2	3	4	5
16	可信赖的	1	2	3	4	5

第三部分　请在下列各组选出一个比较适合你行为特征和心理特征的数位上打上"√"。假使态度中等，就将"√"打在"3"上。

题号	数字号表						
17	迫切的	5	4	3	2	1	冷静的
18	爱幻想的	5	4	3	2	1	现实的
19	礼貌的	5	4	3	2	1	粗犷的
20	乐观的	5	4	3	2	1	悲观的
21	大方的	5	4	3	2	1	精细的
22	果断的	5	4	3	2	1	开放的
23	自制的	5	4	3	2	1	易受干扰的
24	开朗的	5	4	3	2	1	冷淡的
25	追求新奇的	5	4	3	2	1	追求常规的
26	易分心的	5	4	3	2	1	镇静的

第四部分　请根据您对您目前所使用的品牌手机的真实感受，在适合您本人情况的数值上面画"√"

题号	问题及同意程度
42	这个品牌手机的性能在所有手机中是最好的 1.非常不同意；2.不同意；3.一般；4.同意；5.非常同意
43	这个品牌手机的销售服务是所有手机中最好的 1.非常不同意；2.不同意；3.一般；4.同意；5.非常同意

续表

题号	问题及同意程度
44	这个手机的生产企业是所有手机生产企业中最好的 1.非常不同意；2.不同意；3.一般；4.同意；5.非常同意
45	这个手机品牌是所有手机品牌中最好的 1.非常不同意；2.不同意；3.一般；4.同意；5.非常同意

答卷完毕。

再次谢谢您的支持！

附录8 征求意见专家名单（按姓氏笔画排序）

姓名	单位	职务或职称	联系方式	备注
李永中	富士康科技集团 IE学院	资深经理/博士 硕士生导师	电话：（略） 邮箱：（略）	
刘克	长春工业大学 工商管理学院	副院长/教授 硕士生导师	电话：（略） 邮箱：（略）	
沈颂东	吉林大学 商学院	副院长/教授 博士生导师	电话：（略） 邮箱：（略）	
林忠	东北财经大学 工商管理学院	副院长/教授 博士生导师	电话：（略） 邮箱：（略）	
金晓彤	吉林大学 商学院	副院长/教授 博士生导师	电话：（略） 邮箱：（略）	
姜占伟	富士康科技集团 IE学院	总裁助理 硕士	电话：（略） 邮箱：（略）	
龚振	华南理工大学 管理学院	教授/博士 硕士生导师	电话：（略） 邮箱：（略）	
曾明彬	清华大学 人文社会科学学院	研究员 博士后	电话：（略） 邮箱：（略）	
薛强	大连海事大学 工商管理学院	副院长/教授 硕士生导师	电话：（略） 邮箱：（略）	

附录9　正式测量问卷修改后的分析结果

一、项目分析

本研究预试人数217位，无效和选择其他手机的19位，有效问卷共198位，经施行问卷预试，就预试结果获得之数据施行项目分析，设定样本总分的前25%为高分组，后25%为低分组，施行独立样本t检定，检验每个试题在高低分组是否具有差异性。

设$u1$＝前段平均分，$\sigma1$＝前段标准偏差，$u2$＝后段平均分，$\sigma2$＝后段标准偏差。

表1　量表项目分析结果

项目		题目	u1	σ1	u2	σ2	t
品牌个性	仁	平和的	3.96	0.70	3.02	0.77	6.40
		和谐的	4.14	0.70	3.20	0.81	6.22
		务实的	3.46	0.81	2.16	0.71	8.51
	智	专业的	4.20	0.67	2.72	0.81	9.96
		可信赖的	4.36	0.72	3.32	0.82	6.74
		沉稳的	4.18	0.66	3.26	0.92	5.74
	勇	果断的	3.66	0.85	2.56	0.73	6.94
		动感的	3.56	0.86	2.14	0.78	8.63
		新颖的	3.90	0.79	2.18	1.04	9.30
	乐	积极的	4.00	0.78	2.76	0.74	8.12
		酷的	4.08	0.70	2.48	1.01	9.20
		时尚的	4.18	0.72	2.40	0.90	10.90
	雅	有品位的	4.08	0.75	3.14	0.95	5.49
		体面的	4.14	0.70	2.78	1.00	7.90
		气派的	4.58	0.57	3.26	0.90	8.75

品牌个性研究
——自我概念一致性对顾客感知价值的影响机理及对策

续表

项目		题目	$u1$	$\sigma1$	$u2$	$\sigma2$	t
学生个性	责任感	果断的	2.86	0.90	2.84	0.96	0.11
		自制的	3.58	1.23	2.90	1.16	2.84
	宜人性	礼貌的	4.52	0.65	3.72	0.97	4.85
		大方的	4.04	0.78	3.40	1.01	3.54
	开放性	爱幻想的	3.84	0.74	3.20	1.03	3.57
		追求新奇的	3.32	0.68	3.00	0.76	2.22
	外向性	乐观的	3.22	1.09	2.88	1.00	1.62
		开朗的	4.08	0.88	3.42	1.09	3.34
	稳定性	迫切的	3.96	1.01	3.24	0.98	3.62
		易分心的	3.36	1.06	3.02	1.00	1.65
顾客感知价值		产品价值	3.86	0.76	2.38	0.97	8.53
		服务价值	3.64	0.69	2.48	0.84	7.54
		人员素质	3.88	0.75	2.52	1.01	7.63
		形象价值	3.80	0.78	2.54	0.93	7.33

由上表的数据对比可以看出，除17题（人格部分"果断的"）外，值均大于1.6153，有显著差异，而第17题的t值偏小，可能与此次答题者的素质有关或与题目本身的提问法则相关，可以通过适当改变提问方式解决。综合考虑，整份量表的题目可以全部保留。

二、信度分析

本研究以内部一致性系数为各分量表进行考验，由于大部分题目主观因素较多，故采用主观题目的信度分析公式进行计算，所得各分量表的Cronbach's α值如下：品牌个性（2~16题）为0.876，学生个性（17~26题）为0.474，顾客感知价值（27~32题）为0.878。品牌个性和顾客感知价值的内部一致性系数达0.8以上，可说是具有良好的信度。但针对学生个性部分，信度稍稍偏低，所以必须在问答设计上重新考虑差异性，同时，在填答问卷之前必须增强样本对此部分问题的理解，做出合理解答。

三、效度分析

本量表以主轴法（principal axis method）抽取因素，并以方差最大正交旋转法（varimax）进行因素转轴。本量表经上述的分析后，所得结果如下所示。

表2 品牌个性效度分析表

	Component				
	1	2	3	4	5
平和的2	0.008	0.150	0.097	0.859	0.161
和谐的3	0.164	0.069	0.230	0.820	0.137
务实的4	−0.143	0.040	0.811	0.085	0.244
专业的5	0.168	0.118	0.846	0.127	0.004
可信赖的6	0.246	0.078	0.594	0.444	0.215
沉稳的7	−0.142	0.035	0.396	0.219	0.685
果断的8	0.137	0.100	0.074	0.158	0.886
动感的9	0.851	0.088	0.061	0.075	0.065
新颖的10	0.741	0.368	−0.051	0.171	−0.048
积极的11	0.709	0.142	0.168	0.069	0.249
酷的12	0.723	0.306	0.035	0.016	−0.075
时尚的13	0.697	0.492	−0.081	0.029	−0.200
有品位的14	0.401	0.670	0.086	0.311	0.011
体面的15	0.238	0.825	0.117	0.167	0.116
气派的16	0.294	0.839	0.086	−0.047	0.095

从表2可以看出，大部份的题目都落在了量表设置预定的五个因素中，针对没有落在预定因素中的几个题目，在后续研究中可以对其重新归类或更换为其他的题目选项。

表3 学生个性效度分析表

	Component				
	1	2	3	4	5
果断的	0.079	−0.124	0.909	−0.073	−0.106
自制的	0.272	−0.677	0.539	0.147	−0.031
礼貌的	0.234	−0.147	−0.004	0.216	−0.820
大方的	0.311	0.024	0.348	−0.292	−0.761
爱幻想的	0.088	0.329	−0.059	0.847	−0.092
追求新奇的	0.630	−0.002	0.067	0.492	−0.015
乐观的	0.751	−0.112	0.037	−0.206	−0.499
开朗的	0.836	−0.152	0.112	0.048	−0.148
迫切的	−0.197	0.747	0.159	0.243	0.033
易分心的	0.036	0.727	−0.188	0.219	0.135

从表3中可以看出，大部分的题目都落在了量表设置预定的因素中，只有"追求新奇的"这一项没有按照预设与"爱幻想的"归为同一人格，这可能与本次答题样本对词汇的理解有关，也可能与问题的提问方式有关，在后续研究中可以通过更换为其他题目或改变提问方式来解决。

四、相关分析

1. Pearson相关系数法

对品牌个性的"仁""智""勇""乐""雅"五个项目下的三个题目的得分取平均值作为其得分，然后与学生个性的5个项目求Pearson相关系数，得到如下相关系数矩阵。

表4 品牌个性与学生个性相关系数矩阵

	Pearson	责任感	宜人性	开放性	外向性	稳定性
仁	Correlation	0.02	0.25	−0.06	0.11	−0.06
	Sig.	0.83	0.00	0.39	0.13	0.39
智	Correlation	0.08	0.21	0.01	0.11	−0.08
	Sig.	0.26	0.00	0.85	0.13	0.28

	Pearson	责任感	宜人性	开放性	外向性	稳定性
勇	Correlation	0.01	0.09	0.16	0.01	0.00
	Sig.	0.89	0.22	0.02	0.94	0.98
乐	Correlation	0.05	0.15	0.18	0.10	0.04
	Sig.	0.52	0.03	0.01	0.16	0.56
雅	Correlation	0.04	0.19	0.11	0.09	−0.13
	Sig.	0.59	0.01	0.12	0.21	0.06

从表4中可以看出，"人格2"与"仁""智""雅""乐"具有显著的相关性，说明性格特点为"人格2"的人偏好品牌个性为"仁""智""雅""乐"的手机，同理可得出：性格特点为"人格3"的人偏好品牌个性为"雅"和"乐"的手机，性格特点为"人格1""人格4""人格5"的人对手机品牌个性无特别偏好。

2.多元线性回归分析法

从Pearson相关系数分析可以看出品牌个性与学生个性具有显著的相关关系，那么这种相关关系对顾客的感知价值是否有影响呢？将运用多元回归分析来验证品牌个性和学生个性对顾客感知的影响。量表中分别从4个不同的方面体现顾客感知价值，以下分别分析这4个方面的价值与品牌个性和学生个性之间的关系，以品牌个性的15个因子和学生个性的10个因子为自变量，以感知价值为因变量，回归方法是Stepwise，显著性水平为5%，在下文的分析中，只给出逐步回归中最后一步的Model Summery表，ANOVA表和Coefficients表，其他详细结果见附表。

（1）品牌个性和学生个性对服务价值的影响

从表5中可以看出在第3步中引入的变量是品牌个性变量："可信赖的""积极的""务实的"，其复相关系数是0.57，调整相关系数是0.32，在第5步中引入学生个性变量："爱幻想的""迫切的"，其复相关系数是0.60，调整系数是0.35，复相关系数和调整系数均高于第3步的值，可见学生个性变量的加入有利于拟合优度的提高。

表5 Model Summary——服务价值

Model	R	R Square	Adjusted R Square	Std. Error of the Estimate
3	.575（c）	0.330	0.320	0.729
4	.587（d）	0.345	0.331	0.723
5	.602（e）	0.362	0.346	0.715

c Predictors：（constant），可信赖的，积极的，务实的

d Predictors：（constant），可信赖的，积极的，务实的，爱幻想的

e Predictors：（constant），可信赖的，积极的，务实的，爱幻想的，迫切的

表6 ANOVA（f）——服务价值

Model		Sum of Squares	df	Mean Square	F	Sig.
5	Regression	55.770	5	11.154	21.806	0.000（e）
	Residual	98.210	192	0.512		
	Total	153.980	197			

e predictors：（constant），可信赖的，积极的，务实的，爱幻想的，迫切的

f dependent variable：服务价值

表7 Coefficients（a）——服务价值

Model		Unstandardized Coefficients		Standardized Coefficients	t	Sig.
		B	Std. Error	Beta	B	Std. Error
5	（Constant）	0.172	0.353		0.486	0.627
	可信赖的	0.343	0.072	0.345	40.789	0.000
	积极的	0.253	0.068	0.241	30.720	0.000
	务实的	0.176	0.070	0.169	20.523	0.012
	爱幻想的	0.118	0.044	0.164	20.687	0.008
	迫切的	−0.131	0.057	−0.139	−20.286	0.023

a dependent variable：服务价值

表8　服务价值与学生个性和品牌个性相关系数表

		学生个性		品牌个性		
		爱幻想的	迫切的	可信赖的	积极的	务实的
服务价值	相关系数	0.0647	-0.0659	0.5204	0.4119	0.3775
	显著性	0.3654	0.3564	0.0000	0.0000	0.0000

从表6中可以看出，5个变量的回归系数在5%的显著性水平下均显著，但是通过分析各个变量单独与因变量之间的相关关系发现，品牌个性的3个方面与服务价值显著相关，学生个性的2个方面与服务价值不存在显著的相关关系，相关系数表7。从表5中可以得知，5个变量的整体回归效果为显著，$F=21.806$，$P=0.00$，可见学生感知的服务价值由手机的品牌个性和学生个性共同作用而成，且这种作用是显著的。"迫切的"这一学生个性的回归系数为负，表明如果学生过于急躁那么他对服务价值的感知就会降低，这与实际感知是相符的。

（2）品牌个性和学生个性产品价值的影响

从表8可得知，回归后引入的自变量有3个："可信赖的""务实的""积极的"，全部为品牌个性变量，没有学生个性变量的引入，拟合优度为0.593。

表9　Model Summary—产品价值

Model	R	R Square	Adjusted R Square	Std. Error of the Estimate
3	0.593（c）	0.352	0.342	0.807

c predictors:（constant），可信赖的, 务实的, 积极的

表10　ANOVA（d）—产品价值

Model		Sum of Squares	df	Mean Square	F	Sig.
3	Regression	68.702	3	22.901	35.152	0.000（c）
	Residual	126.388	194	0.651		
	Total	195.091	197			

c predictors:（constant），可信赖的, 务实的, 积极的

d dependent variable: 产品价值

表11　Coefficients（a）—产品价值

Model		Unstandardized Coefficients		Standardized Coefficients	t	Sig.
		B	Std. Error	Beta	B	Std. Error
3	（Constant）	−0.113	0.333		−0.340	0.734
	可信赖的	0.336	0.081	0.300	40.158	0.000
	务实的	0.296	0.078	0.253	30.789	0.000
	积极的	0.247	0.076	0.208	30.236	0.001

a dependent variable：产品价值

从表8中得知，$F=21.806$，$P=0.00$，而表9显示整体的回归效果是显著的，同时从表11中得知产品价值与这3个因子的Pearson相关系数显著，说明学生感知的产品价值主要与品牌个性的这3个因子具有显著的相关关系。结合实际，手机性能这一价值确实主要由品牌个性体现出来，而"可信赖的""务实的"也恰恰体现了顾客对手机性能的品牌个性需求。

表12　产品价值与品牌个性相关系数表

		品牌个性		
		务实的	积极的	可信赖的
产品价值	相关系数	0.4500	0.3908	0.5180
	显著性	0.000	0.000	0.000

（3）品牌个性和学生个性员工价值的影响

从表12可得知，回归后引入的自变量有2个："可信赖的""气派的"，全部为品牌个性变量，没有学生个性变量的引入，拟合优度为0.536。

表13　Model Summary—员工价值

Model	R	R Square	Adjusted R Square	Std. Error of the Estimate
2	0.536（b）	0.287	0.280	0.830

b Predictors：（constant），可信赖的，气派的

表14　ANOVA（c）—员工价值

Model		Sum of Squares	df	Mean Square	F	Sig.
2	Regression	54.132	2	27.066	39.277	0.000（b）
	Residual	134.378	195	0.689		
	Total	188.510	197			

b predictors：（constant），可信赖的，气派的

c dependent variable：员工价值

表15　Coefficients（a）—员工价值

Model		Unstandardized Coefficients		Standardized Coefficients	t	Sig.
		B	Std. Error	Beta	B	Std. Error
2	（Constant）	0.667	0.293		20.279	0.024
	可信赖的	0.493	0.069	0.448	70.195	0.000
	气派的	0.206	0.062	0.205	30.299	0.001

a dependent variable：员工价值

表16　员工价值与品牌个性相关系数表

		品牌个性	
		气派的	可信赖的
员工价值	相关系数	0.313	0.497
	显著性	0.000	0.000

表13和表14的结果表明员工价值这一价值与"可信赖的""气派的"这两个因子具有显著的相关关系，而这两个因子均属于品牌个性，同时员工价值与这两个品牌个性因子的Pearson相关系数是显著的，可见学生所感知的手机所属的企业的形象主要与手机品牌本身的个性相关，而与学生的个性无明显的关联关系。

（4）品牌个性和学生个性形象价值的影响

从表16可得知，回归后引入的自变量有2个："可信赖的""气派的""新颖的"，全部为品牌个性变量，没有学生个性变量的引入，拟合优度为0.535。

表17 Model Summary——形象价值

Model	R	R Square	Adjusted R Square	Std. Error of the Estimate
3	0.535（c）	0.286	0.275	0.854

c predictors:（constant），可信赖的, 体面的, 新颖的

表18 ANOVA（d）——形象价值

Model		Sum of Squares	df	Mean Square	F	Sig.
3	Regression	56.641	3	18.880	25.873	0.000（c）
	Residual	141.567	194	.730		
	Total	198.207	197			

c predictors:（constant），可信赖的, 体面的, 新颖的

d dependent variable: 形象价值

表19 Coefficients（a）——形象价值

Model		Unstandardized Coefficients		Standardized Coefficients	t	Sig.
		B	Std. Error	Beta	B	Std. Error
3	（Constant）	0.566	0.320		1.772	0.078
	可信赖的	0.447	0.074	0.396	6.063	0.000
	体面的	0.160	0.078	0.148	2.061	0.041
	新颖的	0.130	0.064	0.139	2.020	0.045

a dependent variable: 形象价值

表20 形象价值与品牌个性相关系数表

		品牌个性		
		可信赖的	体面的	新颖的
形象价值	相关系数	0.483	0.355	0.303
	显著性	0.000	0.000	0.000

表17和表18的结果显示，学生所感知的品牌形象价值与"可信赖的""体面的""新颖的"这3个属于品牌个性的因子具有显著的相关关系，同时表19显示形象价值与这3个因子的Pearson相关系数是显著的。结合

实际，"可信赖的""体面的""新颖的"体现了接受本次问卷调查的对象——学生对手机品牌形象的追求。

附录10　回归分析详细结果

1. 服务价值

Model Summary

Model	R	R Square	Adjusted R Square	Std. Error of the Estimate
1	0.520（a）	0.271	0.267	0.757
2	0.559（b）	0.312	0.305	0.737
3	0.575（c）	0.330	0.320	0.729
4	0.587（d）	0.345	0.331	0.723
5	0.602（e）	0.362	0.346	0.715

a predictors:（constant），可信赖的

b predictors:（constant），可信赖的, 积极的

c predictors:（constant），可信赖的, 积极的, 务实的

d predictors:（constant），可信赖的, 积极的, 务实的, 爱幻想的

e predictors:（constant），可信赖的, 积极的, 务实的, 爱幻想的, 迫切的

ANOVA（f）

Model		Sum of Squares	df	Mean Square	F	Sig.
1	Regression	41.698	1	41.698	72.789	0.000（a）
	Residual	112.282	196	0.573		
	Total	153.980	197			
2	Regression	48.101	2	24.051	44.295	0.000（b）
	Residual	105.878	195	0.543		
	Total	153.980	197			

续表

Model		Sum of Squares	df	Mean Square	F	Sig.
3	Regression	50.841	3	16.947	31.877	0.000（c）
	Residual	103.139	194	.532		
	Total	153.980	197			
4	Regression	53.097	4	13.274	25.395	0.000（d）
	Residual	100.883	193	0.523		
	Total	153.980	197			
5	Regression	55.770	5	11.154	21.806	0.000（e）
	Residual	98.210	192	0.512		
	Total	153.980	197			

a predictors：（constant），可信赖的

b predictors：（constant），可信赖的，积极的

c predictors：（constant），可信赖的，积极的，务实的

d predictors：（constant），可信赖的，积极的，务实的，爱幻想的

e predictors：（constant），可信赖的，积极的，务实的，爱幻想的，迫切的

f dependent variable：服务价值

Coefficients（a）

Model		Unstandardized Coefficients		Standardized Coefficients	t	Sig.
		B	Std. Error	Beta	B	Std. Error
1	（Constant）	1.047	0.247		4.247	0.000
	可信赖的	0.517	0.061	0.520	8.532	0.000
2	（Constant）	0.619	0.271		2.286	0.023
	可信赖的	0.418	0.066	0.421	6.362	0.000
	积极的	0.239	0.070	0.227	3.434	0.001

Model		Unstandardized Coefficients		Standardized Coefficients	t	Sig.
		B	Std. Error	Beta	B	Std. Error
3	（Constant）	0.307	0.301		1.021	0.309
	可信赖的	0.343	0.073	0.345	4.695	0.000
	积极的	0.237	0.069	0.225	3.438	0.001
	务实的	0.160	0.071	0.154	2.270	0.024
4	（Constant）	−0.046	0.343		−0.135	0.893
	可信赖的	0.347	0.072	0.349	4.790	0.000
	积极的	0.234	0.068	0.222	3.426	0.001
	务实的	0.176	0.070	0.169	2.499	0.013
	爱幻想的	0.088	0.042	0.122	2.077	0.039
5	（Constant）	0.172	0.353		0.486	0.627
	可信赖的	0.343	0.072	0.345	4.789	0.000
	积极的	0.253	0.068	0.241	3.720	0.000
	务实的	0.176	0.070	0.169	2.523	0.012
	爱幻想的	0.118	0.044	0.164	2.687	0.008
	迫切的	−0.131	0.057	−0.139	−2.286	0.023

a　dependent variable：服务价值

2. 产品价值

Model Summary

Model	R	R Square	Adjusted R Square	Std. Error of the Estimate
1	0.518（a）	0.268	0.264	0.854
2	0.563（b）	0.317	0.310	0.827
3	0.593（c）	0.352	0.342	0.807

a　predictors：（constant），可信赖的

b　predictors：（constant），可信赖的，务实的

c　predictors：（constant），可信赖的，务实的，积极的

ANOVA（d）

Model		Sum of Squares	df	Mean Square	F	Sig.
1	Regression	52.299	1	52.299	71.787	0.000（a）
	Residual	142.792	196	0.729		
	Total	195.091	197			
2	Regression	61.879	2	30.940	45.291	0.000（b）
	Residual	133.211	195	0.683		
	Total	195.091	197			
3	Regression	68.702	3	22.901	35.152	0.000（c）
	Residual	126.388	194	0.651		
	Total	195.091	197			

a predictors：（constant），可信赖的

b predictors：（constant），可信赖的, 务实的

c predictors：（constant），可信赖的, 务实的, 积极的

d dependent variable：*产品价值*

Coefficients（a）

Model		Unstandardized Coefficients		Standardized Coefficients	t	Sig.
		B	Std. Error	Beta	B	Std. Error
1	（Constant）	0.912	0.278		3.280	0.001
	可信赖的	0.579	0.068	0.518	8.473	0.000
2	（Constant）	0.322	0.312		1.033	0.303
	可信赖的	0.437	0.076	0.390	5.719	0.000
	务实的	0.300	0.080	0.256	3.745	0.000
3	（Constant）	−0.113	0.333		−.340	0.734
	可信赖的	0.336	0.081	0.300	4.158	0.000
	务实的	0.296	0.078	0.253	3.789	0.000
	积极的	0.247	0.076	0.208	3.236	0.001

a dependent variable：*产品价值*

3. 员工价值

Model Summary

Model	R	R Square	Adjusted R Square	Std. Error of the Estimate
1	0.497（a）	0.247	0.244	0.851
2	0.536（b）	0.287	0.280	0.830

a predictors：（constant），可信赖的

b predictors：（constant），可信赖的，气派的

ANOVA（c）

Model		Sum of Squares	df	Mean Square	F	Sig.
1	Regression	46.633	1	46.633	64.422	0.000（a）
	Residual	141.877	196	0.724		
	Total	188.510	197			
2	Regression	54.132	2	27.066	39.277	0.000（b）
	Residual	134.378	195	0.689		
	Total	188.510	197			

a predictors：（constant），可信赖的

b predictors：（constant），可信赖的，气派的

c dependent variable：员工价值

Coefficients（a）

Model		Unstandardized Coefficients		Standardized Coefficients	t	Sig.
		B	Std. Error	Beta	B	Std. Error
1	（Constant）	1.035	0.277		3.735	0.000
	可信赖的	0.547	0.068	0.497	8.026	0.000
2	（Constant）	0.667	0.293		2.279	0.024
	可信赖的	0.493	0.069	0.448	7.195	0.000
	气派的	0.206	0.062	0.205	3.299	0.001

a dependent variable：员工价值

4. 形象价值

Model Summary

Model	R	R Square	Adjusted R Square	Std. Error of the Estimate
1	0.483（a）	0.233	0.229	0.881
2	0.520（b）	0.271	0.263	0.861
3	0.535（c）	0.286	0.275	0.854

a predictors:（constant），可信赖的

b predictors:（constant），可信赖的，体面的

c predictors:（constant），可信赖的，体面的，新颖的

ANOVA（d）

Model		Sum of Squares	df	Mean Square	F	Sig.
1	Regression	46.203	1	46.203	59.576	0.000（a）
	Residual	152.004	196	0.776		
	Total	198.207	197			
2	Regression	53.662	2	26.831	36.196	0.000（b）
	Residual	144.546	195	0.741		
	Total	198.207	197			
3	Regression	56.641	3	18.880	25.873	0.000（c）
	Residual	141.567	194	0.730		
	Total	198.207	197			

a predictors:（constant），可信赖的

b predictors:（constant），可信赖的，体面的

c predictors:（constant），可信赖的，体面的，新颖的

d dependent variable: 形象价值

Coefficients（a）

Model		Unstandardized Coefficients		Standardized Coefficients	*t*	Sig.
		B	Std. Error	Beta	B	Std. Error
1	（Constant）	1.146	0.287		3.995	0.000
	可信赖的	0.545	0.071	0.483	7.719	0.000
2	（Constant）	0.676	0.317		2.128	0.035
	可信赖的	0.460	0.074	0.408	6.218	0.000
	体面的	0.226	0.071	0.208	3.172	0.002
3	（Constant）	0.566	0.320		1.772	0.078
	可信赖的	0.447	0.074	0.396	6.063	0.000
	体面的	0.160	0.078	0.148	2.061	0.041
	新颖的	0.130	0.064	0.139	2.020	0.045

a　dep endent variable：形象价值

后　记

随着书稿付梓，退休也进入了倒计时。从1983年自己大学毕业时的踌躇满志，其间不惑之年获得硕士学位，知天命之年获得博士学位，40年时光荏苒，其间经历的人生百态、酸甜苦辣自不待说……

论文写得比较辛苦。看到眼前这叠厚厚的文字，无暇计算自己付出的时间、精力和健康成本，反倒萌生出太多的感激与歉疚……

首先要感谢的是澳门科技大学提供的博士课程学习机会。不仅让我掌握了最前沿的工商管理知识，树立了全新的管理理念，体验了异域文化差异，开阔了国际视野，更让我结识了众多的良师益友——澳门科技大学博士研究生五年，将成为我记忆中的的珍藏。

其次要感谢我的研究导师——东北财经大学的林忠教授。导师学识渊博，治学严谨，为人坦诚，能成为他的学生，既学作文，又学做人，幸莫大焉。导师在繁忙的教研和社会活动中挤出时间对研究选题、文献综述、研究结构、数据分析等进行的严格要求及精心指导，奠定了我管理科学研究的基础。导师的教导之恩，学生永远铭记于心！

我还要感谢澳门科技大学那些曾为我传道授业解惑的教授们。汤宏谅院长的管理研究方法课程及对社科研究的高标准与严要求，不仅把我引入了学术研究的大门，更为我从事管理科学研究打下了良好的根基；还有刘廷扬老师的思辨、谦逊、精彩的课程，庞川老师的稳健、努力和热心……都为我今后的学习、教学、科研以及生活树立了榜样；我还要感谢所有参与我毕业论文开题、评审和答辩的专家教授如许嗷嗷院士、刘成昆教授等，感谢为我们提供后勤服务的行政与管理学院、研究生院的各位行政人员如冯钧国老师、梁静敏老师……是你们的辛勤付出，才使我们的学业得以顺利完成。

尤其值得感谢的是澳门科技大学0509DBA A班的全体同窗好友，有缘和你们成为同学真是幸运。稍有闲暇，脑海中经常回忆起吴润华、李永中、许俊、曾明彬等同窗对我的关心和帮助，眼前经常浮现出李继军、陆正华、睦立、张奕燕、狄振鹏、林瑞爽等同学的笑脸……尤其是吴润华先生和李永中先生，在学习期间给予我很大帮助，感激之情绝非几句话就能够表达出来……

在专题研究过程中，还得到了很多同事、朋友的热情帮助。所有的问卷设计反馈专家（见附录8名单）以及富士康科技集团的姜占伟硕士、曾年初硕士、吉林大学珠海学院的闫光华硕士、张振中硕士在量表设计、发放、测量、统计分析等方面给予了无私的帮助；大连理工大学熊英来老师、王巍老师在资料查阅方面提供了很大的便利；长春理工大学的刘大洲老师抱病为我审核英文资料；珠海科技学院商学院王凯宏教授对研究的统计环节重新进行了审核……本研究还借鉴、参考了很多前辈和同仁的研究成果，在此不能一一列举。在最后出版阶段，得到了广西财经学院管理科学与工程学院院长、教授谭建新博士提供的统计学广西一流学科建设项目资助和吉林大学出版社张宏亮老师的大力协助，在此一并致谢。

最后，我要感谢我的家人，正是他们这些年的默默支持和陪伴，才使我能心无旁骛地工作和学习。尤其要感谢我的母亲多年来的无私付出和谆谆教诲。"谁言寸草心，报得三春晖"，这部专著是我献给她老人家的最能代表我心意的母亲节礼物。

纸短情长，难以尽述；来日方长，与君共勉。

刘　昀
二〇二三年三月